INVERTIR

Inversion Inteligente - Invierte Y Genera Ingresos Pasivos

(Las Mejores Estrategias Para Hacer Dinero)

Bart Soliz

Publicado Por David Kruse

Invertir: Inversion Inteligente - Invierte Y Genera Ingresos Pasivos (Las Mejores Estrategias Para Hacer Dinero)

ISBN 978-1-989744-39-0

Este documento está orientado a proporcionar información exacta y confiable con respecto al tema y asunto que trata. La publicación se vende con la idea de que el editor no esté obligado a prestar contabilidad, permitida oficialmente, u otros servicios cualificados. Si se necesita asesoramiento, legal o profesional, debería solicitar a una persona con experiencia en la profesión.

Desde una Declaración de Principios aceptada y aprobada tanto por un comité de la American Bar Association (el Colegio de Abogados de Estados Unidos) como por un comité de editores y asociaciones.

Se establece que la información que contiene este documento es veraz y coherente, ya que cualquier responsabilidad, en términos de falta de atención o de otro tipo, por el uso o abuso de cualquier política, proceso o dirección contenida en este documento será responsabilidad exclusiva y absoluta del lector receptor. Bajo ninguna circunstancia se hará responsable o culpable de forma legal al editor por cualquier reparación, daños o pérdida monetaria debido a la información aquí contenida, ya sea de forma directa o indirectamente.

Los respectivos autores son propietarios de todos los derechos de autor que no están en posesión del editor.

La información aquí contenida se ofrece únicamente con fines informativos y, como tal, es universal. La presentación de la información se realiza sin contrato ni ningún tipo de garantía.

Las marcas registradas utilizadas son sin ningún tipo de consentimiento y la publicación de la marca registrada es sin el permiso o respaldo del propietario de esta. Todas las marcas registradas y demás marcas incluidas en este libro son solo para fines de aclaración y son propiedad de los mismos propietarios, no están afiliadas a este documento.

TABLA DE CONTENIDO

Parte 1

1

Introducción

El mundo de las inversiones puede ser uno difícil de navegar. Mucha gente lo evita porque han escuchados historias de terror sobre inversiones que salieron mal. Sin embargo, si cuentas con la información correcta, puedes cruzar el mundo de las inversiones como un profesional experimentado. Coincidentemente, este libro contiene la información que estás buscando para convertirte en un verdadero inversionista.

Ya sea que tu afición la encuentres en bienes raíces, acciones, bonos o en lo que sea que decidas invertir, aquí encontrarás algunos consejos que te ayudarán a identificar buenas inversiones, y mantenerte lejos de las malas.

Si eres un principiante, puede que tengas cierto conocimiento acerca de en lo que quisieras meterte, pero lo más probable es que no conozcas toda la información especializada que necesitas saber para realmente lanzarte a una inversión con certeza. Si te parece que algún capítulo está lleno de información superficial, ten la seguridad de que simplicidad no siempre significa mediocridad. Cada capítulo te dará información y consejos que un principiante necesita, pero que un profesional todavía podría utilizar regularmente.

Si estás buscando expandir tus horizontes y realmente tomar el control de tu situación financiera, entonces invertir puede que sea la decisión correcta para ti. Si estás dispuesto a apostar sin incurrir en un gran riesgo, existen opciones de inversión que pueden perfectamente suplir tus necesidades. Si te gusta arriesgar, entonces hay oportunidades de inversión esperando por ti. Este libro te enseñará como manejar una inversión de principio a fin, enseñándote los indicadores y señales que deberás buscar para asegurarte de que estás haciendo un buen trato.

Así qué, ¿qué estás esperando? Comienza a leer para aprender más sobre cómo cambiar tu vida y darte a ti mismo algo más de estabilidad financiera.

Capítulo 1: ¿Qué es invertir?

Muy probablemente, tú ya sepas que invertir es tomar un poco de dinero y pagar por algo que te traerá más beneficios al final. Sin embargo, la verdad es que, invertir es mucho más que eso. Es salir de tu zona de confort y adentrarte en lo desconocido con el potencial de obtener mucho dinero... o de perder mucho dinero. Invertir es frecuentemente visto de la misma manera que apostar. De hecho, apostar es un tipo de inversión en cierta manera, porque gastas dinero con la esperanza de obtener más dinero.

Sin embargo, en las inversiones, hay factores que influyen en tu probabilidad de ganar, tales como la popularidad de una inversión. Apostar depende de muchos factores, pero ninguno de ellos está bajo tu control para poder hacer más dinero. Si deseas invertir, puedes prever el momento perfecto para colocar o retirar tu dinero. En las apuestas, puedes pensar que lo estás haciendo en el momento perfecto y aun así terminar perdiendo. Apostar está basado únicamente en probabilidades, mientras que las inversiones poseen factores físicos que evitan que colapsen tan horrorosamente como se sabe que las apuestas lo hacen.

Invertir es el proceso de tomar tu dinero y confiárselo a una fuente que generará un ingreso a partir de ese mismo dinero que has colocado. Tomar parte de una inversión puede asegurar que tendrás más dinero en el resultado si sigues el protocolo correcto. Sin embargo, el mínimo error o equivocación podría dejarte con menos dinero del que empezaste. Además, cuando te vas a tomar el tiempo de hacer una inversión, es pertinente que asignes un fondo al que puedas recurrir, no solamente el dinero que vas a invertir. Hablaremos de eso más adelante en otro capítulo, junto a muchos otros consejos que te ayudarán a evitar una inversión que pueda dejarte en una ruina financiera.

La mayoría de las personas que invierten no se dan cuenta de que el proceso de invertir requiere más que sólo dinero. Tienes que utilizar tiempo en la inversión. Sin mencionar todo el ejercicio mental que debes hacer para decidir en qué utilizar tu dinero. Lanzarse a una inversión sólo porque "se ve bien" no siempre es la mejor opción. Coincidentemente, gran parte de las inversiones que son novedosas y llaman tu atención con promesas floridas son de las que te debes cuidar. Tirar dinero en una inversión y esperar a que se duplique mágicamente de la noche a la mañana es absolutamente irrealista. La gente tiende a frustraste cuando su dinero no crece tan rápidamente como desean, pero las inversiones toman tiempo.

Las inversiones no son todo lo que la gente piensa que son. Los principiantes casi siempre son atraídos por alguien que ha tenido un gran éxito en la industria sin mayor problema.
Consecuentemente, esto lo hace ver como si fuera un paseo en comparación a un trabajo de tiempo completo. Sin embargo,

la verdad de las inversiones es que son difíciles. Si bien es cierto que puede brindarte la libertad financiera con la que mucha gente sólo sueña, esto toma más esfuerzo de lo que el público en general piensa. Escuchan la palabra inversión y la correlacionan con el término "dinero fácil". Ordinariamente, la gente siente como si alguien que invierte su dinero no está trabajando realmente por lo que obtiene. Sin embargo, ese no es el caso. Las personas que son inversionistas trabajan muy duro para asegurarse de que su dinero está trabajando para ellos en vez de en su contra. Las inversiones son las que mejoran sus finanzasy contrariamente a la creencia popular, los inversionistas no se sientan a hacer nada. Ellos están constantemente revisando sus inversiones y haciendo pequeños ajustes para cerciorarse de que todo está saliendo como desean. Esto es lo que les da el éxito que tienen.

Ahora que sabemos lo que invertir significa, continuemos con los diferentes tipos de inversiones que existen. A pesar de que esta no es una lista completa de todos los diferentes tipos de inversiones que hay, sí contiene los tipos de inversiones más populares en los que posiblemente estés intentando empezar. Comenzar con un tipo de inversión popular asegura que haya más material para ti para aprender y te dé una base sólida en el campo de las inversiones.

Diferentes Tipos de Inversiones

Hay muchos tipos diferentes de inversiones en actividad, y cada uno tiene sus pros y sus contras. Esta lista destacará lo básico de cada uno de los principales tipos de inversiones, de tal manera que puedas decidir cuál se adapta más a tus necesidades.

Acciones y Bonos

Populares entre la mayoría de los inversionistas, esto es en lo que probablemente piensas cuando escuchas el término inversión. Éste es uno de los tipos de inversiones más atrayentes, ya que es posible realizarlas por cualquiera con cualquier monto de dinero. Hay acciones de centavos para aquellos que no cuentan con mucho dinero para invertir. Éstas acciones no devuelven mucho dinero, pero sí incrementan tu capital un poco, y si no consigues un gran retorno, tampoco perderás mucho dinero. Hay acciones y bonos más costosos que puedes comprar y crecerán con el tiempo, y se mantendrán ahí para cuando desees cobrarlos.

Los pros de este tipo de inversión es que el dinero siempre está garantizado. Cuando compras un bono, aceptas un periodo de tiempo en el cual debes mantenerlo contigo, y luego lo puedes canjear por más efectivo. El monto que fiscalmente incrementa es dispuesto por el banco al que se lo compras, pero un incremento es asegurado. En las acciones, hay menor garantía de un incremento. No obstante, noventa por ciento del tiempo verás algún tipo de incremento mientras no haya una caída en el mercado de acciones. Una caída del mercado es lo único en lo que genuinamente te debes preocupar cuando inviertes en acciones; pero a pesar de esto hay pocos contras tanto para bonos como acciones.

Los contras de los bonos son bastante simples. Tienes que esperar para usar el dinero que has ganado. Muchas personas tienen un bono que les ha sido otorgado por un familiar y que no pueden canjear hasta que hayan cumplido la mayoría de edad. Al comprar un bono, el tiempo mínimo para canjearlo es de cinco años. Esto significa que tendrás contigo ese bono por cinco años y no tendrás acceso al dinero que invertiste. Si estás pasando por una crisis financiera, esto no es de utilidad para ti. Esto puede ser gradualmente frustrante, ya que sabes que tienes dinero que no puedes usar pero que podría sacarte de un atasco antes de que sea muy tarde.

Para las acciones los contras son un poco más complejos que sólo sensibilidad de tiempo. La mayor preocupación es la necesidad de un corredor de acciones o agente de bolsa. Claro, siempre puedes adentrarte al mundo de las inversiones por cuenta, pero eso incrementa tus posibilidades de cometer errores y perder mucho dinero. Cuando contratas a un corredor de acciones, debes asegurarte de que obtendrás suficiente dinero para cubrir las tarifas de dicho corredor y para superar el punto de equilibrio (donde tus costos igualan tus ganancias y terminas donde empezaste). No obstante, con un agente de bolsa hay menos riesgo de realizar una inversión totalmente fallida. Invertir en acciones suele ser sensible al tiempo también, sin embargo, lo es a un nivel personal. Si vendes la acción muy pronto, entonces no obtendrás mucho dinero, pero si esperas demasiado su valor podría descender mucho.

Bienes Raíces

Hay muchas personas que no ven al mercado de bienes raíces como una forma de inversión, cuando en realidad es una de las formas de inversión más comunes que hay. Compras una casa, y la utilizas para tu propia ganancia financiera. Quizás ni siquiera te des cuenta de que lo estás haciendo. Gran parte de la gente compra su primera casa sin la intención de que sea una decisión permanente para ellos. Estas se conocen como casas iniciales e incluso en la economía de hoy muchas personas tienen sus casas iniciales para cuando cumplen sus treinta años aproximadamente. Idealmente, a las personas les encantaría estar en una sola casa para siempre, pero con el surgimiento de sus finanzas y una familia creciente, simplemente no es lo ideal. Así que, una persona vive en una casa por unos cuantos años y la mejora en comparación a lo que era cuando la recibió. Mientras que el valor de una propiedad sin modificar tiende a disminuir, incluso los arreglos más pequeños pueden disparar su valor positivamente. Cuando vendes tu casa, tienes el potencial de obtener el treinta por ciento o más de retorno sobre tu compra original. Éste es el epítome de invertir.

Bienes raíces tiene también otra forma

potencial de generar dinero: arrendar propiedades. Cuando eres un casero, puede que no lo veas como una verdadera inversión, para la realidad es que arrendar propiedades es una inversión de principio a fin. Compras una propiedad a un bajo costo, inviertes un poco de esfuerzo en hacerla lucir bien y la alquilas por un ingreso mensual que ayuda a pagar las deudas. La mayoría del tiempo puedes arrendar una casa por el doble de lo que pagaste de hipoteca. Esto quiere decir que, si tienes una casa de dos habitaciones en alquiler, y sólo estás pagando por doscientos cincuenta dólares mensuales de hipoteca, puedes arrendar la propiedad por quinientos dólares mensuales.Claro, debes pagar por mantenimiento e impuestos de propiedad, pero incluso luego de esos drenajes financieros, puede que aún obtengas un beneficio mes a mes. Mientras más propiedades tengas, más ganancia tendrás.

Hay algunos pros en este tipo de inversión. Puedes tener el potencial de un ingreso firme o un gran retorno por tu compra. Esto la hace aparentemente el tipo ideal de compra en una inversión. Requiere mínimo esfuerzo lograr una expansión de la inversión. Una capa de pintura ayuda bastante y no cuesta mucho. Actualizar los accesorios no necesita hacerse a lo grande, sólo necesitas traer la propiedad al siglo actual. Es una oportunidad relativamente fácil para invertir.

Sin embargo, hay ciertos contras, como los hay en cualquier potencial de inversión. Cuando algo no está bien con una propiedad, te puede costar mucho, disminuyendo gran parte de tu potencial de retorno. También existe un gran número de factores que determinan si una inversión vale la pena realizarse, la ubicación siendo uno de ellos. Si no puedes costearte una propiedad en una buena localización, eso puede causar que tu inversión sufra muchísimo. Esta es la causa de muchos problemas que pueden dar lugar a una coerción financiera.

Day Trading

Puede traducirse al español como comercio al día. Este es otro tipo de inversión en la que bastantes personas se adentra. No obstante, su nombre es auto explicativo. Compras una acción y la vendes en el mismo día. Es una buena oportunidad de inversión para aquellos que no cuentan con el tiempo para agonizar por las inversiones que han realizado, pero tiene sus contras también.

Los pros es que toda transacción se realiza en el mismo día. Tienes un retorno inmediato, y no tienes que esperar por años para hacer dinero.

Los contras son que tu dinero tiene menos tiempo para acumular cualquier interés u otro incremento. Esto te da un retorno más pequeño.

Day Trading es, sin embargo, un gran lugar para un principiante para comenzar, ya que es simple de navegar.

Comercio de Divisas (Forex)

Forex es un poco más complicado que el resto de tipos de inversiones que están enlistados. Eso es porque se encuentra en el siempre cambiante mercado de intercambios de moneda. Si nunca has escuchado de él, no te preocupes. Mientras es popular entre inversores experimentados, no lo es tanto para los novatos dada su complejidad. Sin embargo, el intercambio de monedas se está volviendo más popular por el incremento de plataformas que se dedican a simplificar el proceso, contrastando con las plataformas confusas que hubo desde el principio.

En Forex, hay también varias plataformas de práctica que te permiten experimentar la escena de inversión antes de que pongas algo de dinero en ella. Estas plataformas de práctica operan usando estrategias reales del mercado y se actualizan en tiempo real, lo único que no es real es el dinero que estás invirtiendo.

Forex también es increíblemente flexible al momento de comprar monedas y comerciarlas.
Puedes comprar tanto o tan poco como

desees, especialmente si vas a incursionar por cuenta propia y no con un corredor. Cuando usas tu propio dinero en forex, entonces obtendrás tu dinero de vuelta. Si contratas a un corredor, tienes que pagarle, y en este tipo de inversión es mucho más riesgoso que cuando usas un corredor en el mercado de acciones.

Debido al incremento en su popularidad, ahora hay más artículos y documentos relacionados al comercio de divisas y a cómo participar en él, que en el pasado. Esto permite a las personas que son principiantes a probar las plataformas porque pueden llegar a ellas con más información de lo que antes era posible para un inversionista primerizo.

Los pros de este tipo de inversión es el potencial de un retorno masivo basado en la diferencia de las monedas comerciadas. El hecho de que tenga plataformas de prácticas es otro plus, porque te permiten decidir si Forex es lo indicado para ti antes de que arriesgues tu propio dinero en el juego.

Sin embargo, hay ciertas desventajas. Con

un gran potencial de retorno hay un gran potencial de pérdida también. El mercado de divisas es muy volátil, y puede cambiar en un instante. Requiere monitoreo constante desde el momento que ofreces un trato hasta el momento en que lo cierras. Si no vigilas como halcón, podrías perder la mejor oportunidad para cerrar un trato.

Estos son algunos de los tipos de inversiones más comunes que existen. Cuando inviertas, asegúrate de que tengas la información que necesitas específica para el tipo de inversión en el que hayas decidido incursionar. Este libro puede ayudarte en básicamente cualquier tipo de inversión con consejos básicos que necesitarás, sin embargo, no puede darte información personalizada sobre cada tipo de inversión por separado. Para eso, necesitarás un libro sobre ese tipo de inversión solamente. Pero no te desalientes, hay una gran cantidad de recursos disponibles que pueden ayudarte a alcanzar todo tu potencial como inversionista, sin importar la plataforma que hayas elegido.

Ahora que conoces más sobre lo que es invertir, es momento de aprender más acerca del porqué es importante comenzar a invertir, y los consejos que necesitas para convertirte en el mejor inversor de tu medio. Cuando vayas a invertir, sólo recuerda que la práctica es importante. Repasaremos eso en otros capítulos, y podría comenzar a parecerte redundante. Pero ten la seguridad de que la repetitividad del asunto se debe a que es algo que te puede salvar de una falla catastrófica.

Capítulo 2: Por qué invertir es importante

Invertir puede ayudar a muchas personas con varios de sus problemas en la vida. Hay diferentes razones por las que la gente se mete a invertir con la esperanza de darle un giro a su vida. Hoy en día, parecería que invertir se ha convertido en un punto de enfoque crítico para la gente de negocios en todo el mundo. Está siendo transmitido al resto de personas también. Esto formula la pregunta: "¿por qué invertir es tan importante?"
La verdad es que no hay una verdadera razón por la que invertir sea tan importante, sólo que puede ayudarte con diferentes problemas que podrías estar enfrentando en tu vida. Este capítulo repasará con los que te podría ayudar potencialmente, y te mostrará por qué invertir puede ser una gran elección no sólo para ti, sino para todos en el mundo. Sin más preámbulos, pasemos a investigar estas razones, ¿de acuerdo?

Incremento Financiero

Si estás viviendo sueldo a sueldo y teniendo problemas para que te alcance lo suficiente hasta que llegue el siguiente, no estás solo. Millones de personas están en el mismo barco que tú, intentando llegar a la orilla antes de que se ahoguen. Desafortunadamente, para muchas de esas personas, nunca llega ese momento. Trabajan todas sus vidas sólo para descubrir al final que no tienen nada heredar cuando pasen a mejor vida. Nadie debería tener esta clase de destino, pero sorprendentemente es la realidad de muchos.

Puede parecer como si invertir te podría llevar a una ruina financiera si ni siquiera puedes juntar un par de centavos, pero podría ser el impulso que necesitas para salir de ese pozo de infinita mendicidad. Esto puede significar que tengas que ajustar tu cinturón un poco más de lo que solías, pero si tomas el dinero que usabas para cenar en un restaurante y lo colocas en una inversión, podrías tener un incremento que casi duplique la cantidad de dinero que estabas gastando para que alguien más te prepare la comida. Un pequeño sacrificio por un corto periodo de tiempo podría permitirte disfrutar de una salida sin tener que apretar tus cuentas por las semanas siguientes.

Invertir puede ayudarte a incrementar tu ingreso habitual, incluso si no se convierte en un ingreso estable para ti. Puedes utilizar un poco de dinero para darte la recarga monetaria que necesitabas para esas vacaciones por las que estabas ahorrando. Si utilizas ese poco que ya estabas derrochando, podría ayudarte a pagar una deuda el mes siguiente, o ayudarte a ahorrar para la universidad de tu hija en los próximos años. Hay tantas opciones y formas en las que invertir puede incrementar tu potencial de ingresos que, aunque sea un poco intimidante, vale la pena intentar.

Puede Convertirse en un Segundo Ingreso
¿Tú y tu pareja trabajan? ¿eres soltero y luchas para pagar las deudas? ¿la vida está tratando de hundirte una deuda a la vez? Invertir puede ayudar con eso. Tomando

sólo un poco de dinero, podrás darte cuenta de que cada vez que obtengas una ganancia, puedes tomar una porción de ella y volver a invertirla, y cada vez tu ganancia será mayor que la anterior. Esto puede ser un ingreso estable para ti. En el caso de inversión en bienes raíces, podría convertir en una fuente confiable de ingresos para ti. Una en la que sabrás cuánto dinero obtendrás cada mes y cuándo lo obtendrás. Esto lo hace deseable para las personas que luchan por pagar sus cuentas mes a mes. Si tienes una deuda que estás tratando de pagar, entonces puede que invertir en algo que ofrezca un retorno rápido sea lo tuyo. Esto puede hacer ese pequeño montículo fácil de saltar.

Mucha gente piensa que si estás luchando para pagar sus deudas entonces no tienen por qué apostar su dinero. Sin embargo, como discutimos en el capítulo anterior, invertir y apostar son dos cosas totalmente diferentes. Deben ser tratadas así. Apostar es para alguien que tiene dinero para perder, invertir es para alguien que necesita el dinero que puede ganar. Hay una gran diferencia allí.

Sin importar para qué necesites el dinero, esto podría convertirse en una fuente de ingresos fiable que te facilite llegar al próximo sueldo, y darte un soporte en caso de emergencias. Cuando ocurren desastres y no tienes dinero para solucionarlos, ahí es cuando las deudas masivas llegan. Invirtiendo, ese ingreso extra que irá principalmente a tu cuenta de ahorros puede ser un salva vidas o un liquida-deudas. Necesitas ese dinero extra para mejorar un poco más tus esfuerzos de ahorrar.

Puede Ayudar a Apostadores

Si tienes una adicción por apostar, invertir puede ser la cosa más alejada de tu mente, porque para mucha gente son prácticamente lo mismo. Sin embargo, como ya se ha demostrado, son cosas totalmente diferentes. La emoción que sientes por un gran retorno es similar al entusiasmo de apostar. Esto puede ser un remedio para aquellos que llegan a la banca rota por apostar, porque tienen mejores probabilidades de obtener una ganancia cuando invierten, especialmente si se lanzan a ello con conocimiento. Si tú o alguien que conoces tiene un problema de apuestas, llevarlo a las inversiones puede ser la mejor forma de curar su adicción.

A pesar de que no es una solución a prueba de tontos, y siempre habrá personas que encuentren la forma de perderlo todo incluso invirtiendo; para aquellos que buscan ayuda, invertir puede ser la forma de liberarse del hábito de apostar. También los puede ayudar a ganar dinero para cubrir cualquier deuda que hayan adquirido desde que comenzaron a apostar. Eventualmente la emoción desaparece, porque un buen retorno no es tan anormal y más bien una ocurrencia regular, y llegado ese momento, la necesidad por apostar se habrá desvanecido, porque aún estarás pasando por la sensación de arriesgar tu dinero, sólo que el riesgo es menor del que habrías incurrido en un casino. Mucha gente ha dicho que invertir les ha ayudado a dejar las apuestas.

Hay muchas otras razones por las que invertir es beneficioso. Sin embargo, las enunciadas aquí son las que sobresalen y con las que mucha gente se puede identificar. Apostar es una de las razones a la que las personas se identifican más de lo que quisieran admitir, y muestra un lado de las inversiones que la gente no había considerado. Esta es una oportunidad financiera muy importante para aquellos que desean tomarla. Si no deseas tomarla, está bien, pero estás perdiendo muchas chances diferentes para tener libertad financiera.

Capítulo 3: Cómo encontrar buenas inversiones

Éste capítulo trata no solamente sobre cómo sino también dónde encontrar buenas inversiones. La sección 'dónde' repasará los mejores lugares para buscar inversiones en los tipos de inversiones que fueron mencionados en el capítulo uno, excepto por forex, porque todo eso es hecho en una plataforma, y puedes seguir solamente los consejos de 'cómo'. Bienes raíces, acciones y bonos, y day trading, sin embargo, son tipos de inversiones para las cuales se pueden recomendar buenos sitios, y estarán incluidos. Puedes seguir los consejos de ambas secciones y aplicarlos a otras oportunidades de inversión que puedas encontrar en tu camino.

Cuando buscas una inversión, mucha gente se ve envuelta en situaciones problemáticas porque no están seguras de cómo diferenciar lo bueno de lo malo. Éste capítulo te dará consejos para encontrar buenas inversiones, y más adelante en el libro, habrá un capítulo sobre alertas rojas que debes evitar para que no te involucres en un gran desastre cuando intentes invertir. Sin más preámbulos, empecemos.

Busca potencial, no valores altos

Cuando inviertes, ¿qué crees que deberías buscar? ¿Una inversión que apenas está empezando, o una que ya ha alcanzado su máximo potencial de retorno? Si tu respuesta fue la que ya alcanzó su máximo potencial, estás potencialmente muy, muy desinformado. Pero está bien, porque mucha gente tiene la creencia de que debes invertir en algo a lo que le esté yendo bien. Pero ese es un grave error, puesto que no sabes cuánto más estará en la cima. Una vez que llegas a lo más alto, sólo queda una dirección a donde se puede ir, y esa es hacia abajo. Cuando te metes en una inversión exitosa, debes estar preparado para salirte antes de que colapse, lo cual podría significar que no obtengas tantos beneficios como lo harías si hubieras encontrado una inversión con potencial.

Las inversiones con potencial son aquellas que no han alcanzado su cima todavía, pero tienen el potencial de hacerlo relativamente rápido. Obtienes ganancias durante todo su ascenso, lo cual incrementa tu retorno mucho más rápido que una inversión que ya ha alcanzado su punto máximo. Puede que tome más tiempo hacer dinero, pero la cantidad de dinero que estarás haciendo compensará de sobra todo el tiempo que tengas que esperar. Considera esto: Apple, una de las mejores inversiones de todos los tiempos fue alguna vez una inversión potencial. La gente que invirtió en sus principios está haciendo mucho dinero ahora. Más que aquellos que no invirtieron hasta que alcanzó su cima, porque ellos sólo se están llevando un porcentaje de éste tope. Esto quiere decir que sólo están recibiendo lo que la inversión está generando ahora, en vez de obtener todo lo que generó hasta llegar a la cima. Se incrementa bastante rápido.

Inversiones potenciales requieren mucha más fe en tus habilidades para invertir, pero hay más potencial de retorno, contrario a una inversión ya explotada que podría colapsar en cualquier momento, y llevarse tu dinero consigo.

Sé Proactivo

Cuando buscas inversiones, no puedes esperar que una te caiga del cielo. Tienes que salir y buscar arduamente por la ideal. Tienes que estar ahí para todas las subidas y caídas que habrán, y tienes que estar dispuesto a poner algo de esfuerzo. Cuando estás cazando inversiones, no puedes buscar por sólo diez minutos y frustrarte, haciendo que te rindas. A veces, una inversión requiere que inviertas más que sólo dinero; tienes que invertir tu tiempo y esfuerzo también.

Las mejores oportunidades son aquellas que frecuentemente son pasadas por alto por los principiantes porque parecen muy riesgosas, o muy pequeñas para generar un buen retorno. Esto quiere decir que las mejores inversiones son ignoradas por aquellos que esperan que las buenas inversiones se les presenten. Si estás constantemente buscando y e informándote, podrás encontrar buenas inversiones en las que no tengas que compartir mucho las ganancias con otros porque existe un interés menor por ellas.

Esto quiere decir que, hay menos interés hasta que se convierte en una inversión exitosa en vez de una inversión potencial.

Esa es otra parte de ser proactivo, debes recordar que las cimas te dan menos dinero que lo potencial. Es todo un círculo. Cuando buscas en qué invertir, busca algo que pueda generar mucho interés público en algún tiempo, pero que no lo ha hecho todavía porque recién está comenzando. Esas son las que te darán los mejores resultados. Puede que quieras invertir en algo que te dará una ganancia rápida, pero desafortunadamente las ganancias rápidas suelen significar ganancias bajas. Un inversionista proactivo sabe esto, e intenta en vez de eso, buscar potencial.

No Dudes

Cuando buscas una buena inversión, y

encuentras una, no dudes. Éste es el error número uno que los nuevos inversionistas comenten. Se preguntan si una inversión es buena, y el tiempo que utilizan en ver si es buena o no, es tiempo que pudieron haber estado generando ingresos. Ésta es una triste realidad para muchos primerizos. Es razonable querer estar seguro de una buena inversión, pero la verdad es que debes estar seguro incluso antes de intentar. Ten confianza en tus habilidades, y no dudes si algo parece lo correcto.

A la hora de invertir, te darás cuenta de que el tiempo lo es todo. Para algunas inversiones, hay espacios disponibles limitados antes de que la inversión se cierre a nuevos postores. Esto significa que podrías quedarte afuera en cuestión de pocos minutos. Lo ves, te gusta, inviertes. La mejor manera de hacer esto es saber qué estás buscando de antemano y no conformarte con menos.

Conoce tu plataforma

Antes de que siquiera consideres poner

dinero en una inversión, siempre deberías asegurarte de que estés bien versado sobre la plataforma en la que estás invirtiendo. Te conviene asegurarte de tomarte tu tiempo para conocer cómo funciona el proceso para el tipo de inversión en el que deseas ingresar, antes de meterte de lleno. Esto te permitirá estar seguro de que darás lo mejor de ti antes de que siquiera comiences.

Tener unos cimientos sólidos de conocimiento es importante para invertir. Así sabrás qué buscar, cuándo colocar tu dinero, y cuándo canjear tus inversiones. Te facilita mucho la vida asegurarte de que sabes lo que estás haciendo antes de que lo hagas. Cuando tienes un buen conjunto de conocimientos, tu confianza en tus habilidades aumenta, y no tendrás segundos pensamientos ni perderás oportunidades potencialmente increíbles.

Para lograr esto, busca y consigue cualquier libro sobre el tipo de inversión en el que quieres incursionar. Lee todo fragmento de información que tengas disponible. Piensa sobre escenarios mientras lees. Habla con gente en el negocio. Ellos pueden ayudar también. Toma notas. Toma muchas notas. Asegúrate de que tengas recordatorios por todas partes para que siempre tengas una guía a la cual acudir cuando pienses sobre cómo empezar a invertir, o cómo corregir un error antes de que se escape de tu control. La importancia que tiene el conocimiento no puede ser más resaltada de lo que está aquí, porque mientras más sepas sobre tu plataforma de inversión, más fácil será navegarla.

Practica
Encuentra una plataforma de práctica. Existen muchas plataformas disponibles para los diversos tipos de inversiones. Existen incluso simuladores para inversiones de bienes raíces. Éstas prácticas pueden ayudar a que te encuentres en mejores situaciones de las que alguna vez imaginaste. Tú quieres estar seguro de que estás dando lo mejor de ti para confiar que estarás bien al lanzarte en una inversión. Incluso si te

sientes competente, antes de que empieces una nueva inversión, practica un poco más. Intenta con diferentes tipos de inversiones en tu plataforma, y sigue practicando, aunque te hayas vuelto bueno. Sólo puedes mejorar, así que mientras más practiques, más fácil te será cuando te enfrentes al mundo real.

Incluso cuando estés listo para entrar en una inversión real, puedes seguir practicando mientras esa inversión se desarrolla, sólo asegúrate de darle más importancia a la inversión real. La práctica puede ser divertida, pero tu inversión real es donde está tu dinero.

Dónde encontrar buenas inversiones
Así como hay buenos momentos para invertir, también hay buenos lugares para invertir. Sin embargo, los buenos lugares para invertir son diferentes para cada plataforma, así que veamos un poco de cada uno y cómo difieren. Podemos comparar similitudes también.

Bienes Raíces

Bienes Raíces es una plataforma bastante simple de navegar, pero aun así hay cosas que debes buscar cuando vayas a invertir, porque, así como en cualquier plataforma, hay malas inversiones en el mundo de bienes raíces. Debes asegurarte de que sepas en lo que te estás metiendo antes de comprar. Cuando inviertes en bienes raíces, lo primero que debes conocer es el potencial de una casa y qué puedes hacer para mejorarla. Eso es lo principal que debes buscar, pero eso implica más que unos simples arreglos.

- Potencial: cuando vas a comprar una casa, tú quieres saber su potencial, como se mencionó arriba. Cuando vas arrendar, no quieres utilizar mucho dinero en la propiedad, así que debes buscar por potencial limitado, en pocas palabras pregúntate: ¿podré arrendar esta casa con sólo hacerle un par de arreglos superficiales? Al arrendar, debes buscar una propiedad cuya estructura esté en buen estado, que sólo necesite una capa de pintura y una actualización de texturas y ornamentación.

No obstante, si lo que deseas es revender, debes buscar por mayor potencial. Debes encontrar una casa con buenos cimientos y techo, y buenos pilares, pero todo lo demás debería poderse modificar. ¿Es posible construir más cuartos? ¿Se puede expandir la casa? ¿Hay closets sin usar cuyo espacio podría utilizarse para agrandar los baños? ¿Puedes rehacer la cocina? ¿La casa cuenta con áticos o sótanos que se puedan adecuar como espacios habitables? Mientras más puedas hacer por una propiedad, mayor será tu retorno, y si haces el trabajo tú mismo, recibirás aún más dinero. Por ejemplo, puedes comprar una casa por veinte mil dólares, que tenga dos cuartos, un baño con mucho potencial; invertir quince mil dólares más en trabajos a dicha casa, y obtener una casa que valga entre sesenta y cien mil dólares. Así que, por treinta y cinco mil dólares en total, puedes obtener una ganancia entre veinte y cinco mil y sesenta y cinco mil dólares. Bienes raíces pueden ser las inversiones con mayores retornos en las que puedes incursionar si encuentras el lugar adecuado.

- Locación: la locación es importante en bienes raíces, ya que afecta al precio tope de la casa. Si encuentras una casa que puedes mejorar bastante, pero está en un mal vecindario, entonces tendrás problemas tratando de incrementar el precio de la casa, a menos de que te ofrezcas a pintar toda la cuadra. Debes asegurarte de que el atractivo de la fachada sea acorde al área. Además, el valor de la casa no puede exceder el valor máximo de cualquier otra casa en la cuadra. Eso es porque sin importar que tan linda sea tu casa, nadie querrá pagar más que el valor del área para comprarla.

Entonces, esos son los dos factores más importantes en inversiones de bienes raíces, potencial y localización. Debes asegurarte de que dichos factores estén cubiertos, de otra manera puede que se presenten inconvenientes cuando desees obtener una ganancia.

Acciones y Bonos

Cuando quieres comerciar con acciones y bonos, hay un par de cosas que debes considerar.

- El momento: tú quieres invertir en algo que funcione con tu franja de tiempo. No quieres comprar un bono de diez años si necesitas el retorno en cinco. No quieres invertir en acciones que pueden demorar hasta tres años en despegar si necesitas ganancias en dos. Escoger el momento adecuado lo es todo.

- Potencial de retorno: tú quieres comprar basándote en el potencial de retorno, no en el precio de la acción o del bono. Debes basar todas tus decisiones en lo que puedes obtener, incluso si eso significa renunciar a más dinero de lo que esperabas.

Day Trading

Day Trading no tiene muchas reglas.La

principal es buscar por alta rotación, baja volatilidad. Esto quiere decir que tendrás mejores oportunidades de vender tus acciones sin que se derrumben. Alta rotación asegura un comprador, baja volatilidad casi garantiza un retorno.

Capítulo 4: Consejos sobre cuándo invertir

Tal como dónde, por qué y cómo, también hay cuándo invertir. En las inversiones, todo se trata de conocer tus zonas horarias. No zonas horarias como en la hora central estándar, pacífico oriental, etc., sino más bien las zonas horarias que se refieren al tiempo en el que pones tu dinero hasta cuando lo retiras. Cuando inviertes, es importante que conozcas estas zonas horarias como la palma de tu mano. A veces toma mucha observación y espera, y otras veces es casi instantáneo. Debes estar preparado para todo.

Por qué la planificación horaria es importante

Comencemos con una metáfora. Estás horneando un pastel para el cumpleaños de tu hermana. Lo tienes todo planeado en tu cabeza. Es un pastel muy elaborado de tres pisos y deseas que tenga una consistencia perfecta. Sabes exactamente cuánto tiempo lleva preparar el pastel y siendo alguien que frecuentemente pospone sus tareas, sólo apartaste el tiempo mínimo requerido para preparar el pastel. Haces las mezclas del pastel y las metes al horno. Luego te recuestas para tomar una siesta, pero olvidas poner una alarma. Eres despertado por tus detectores de humo activándose y abres el horno para encontrar tres ladrillos donde antes había tres capas prometedoras de pastel. Entras en pánico. Te das cuenta de que no sólo no tienes tiempo para preparar otro pastel, sino que ya casi es hora de ir al cumpleaños de tu hermana. No tienes más opción que detenerte un momento en una pastelería y comprar un pastel ya hecho en vez de sorprender a tu hermana con un pastel hecho con amor como habías deseado. Si hubieras programado mejor tu tiempo, podrías haber evitado el percance sin problemas, y tendrías un increíble pastel también.

Invertir es similar. Si no estás atento al momento justo, puedes terminar arruinado y quemado tal como esos pasteles, y luego tendrás que buscar una inversión alternativa sólo para recuperar tu dinero y volver al punto de partida. Esas inversiones alternativas son como la metáfora del pastel comprado en la pastelería; no son tan satisfactorias como tener un pastel de tres pisos para mostrar. También hay menos esfuerzo en estas inversiones alternativas porque sólo estás intentando recuperar y no perder todo tu dinero.

Programar tu tiempo te mantendrá en el negocio de hacer dinero, en vez de echarte de él. Tienes que mantener vigilante, y conocer tus zonas horarias. Tienes que estar seguro también de no tentar a tu suerte. Cuando es momento de canjear tus inversiones, mejor estar despierto y alerta para hacerlo, sin importar la hora. Tendrás la capacidad de volverte mejor e ingresar en mejores inversiones mientras seas bueno con tu planificación.

Planificar es también importante porque todas las inversiones tienden a ser semi-sensibles al tiempo. Los mejores inversionistas conocen el mercado tan bien que saben casi a la perfección el segundo exacto para retirar o colocar una inversión. Esto los hace exitosos en muchas formas. Ellos frecuentemente pueden manejar más inversiones mientras más conscientes del tiempo son. Mientras mejor seas con el tiempo, más podrás manejar sin sentirte abrumado.

El tiempo es importante en todo lo que haces, así que, ¿por qué no lo sería también en las inversiones? Debes invertir tu dinero al momento justo para que puedas alcanzar el mayor potencial de retorno de tu dinero invertido. Puede que tome mucho tiempo, puede que no tome nada de tiempo, lo único que debes saber es que el tiempo controla las inversiones, no tú. Tú sólo controlas tu conocimiento sobre el tiempo, y tu voluntad para trabajar bajo las restricciones del tiempo. Si no estás dispuesto a hacer eso, entonces puede que no tomes las decisiones adecuadas al invertir y eso puede ser un grave problema, en especial para aquellos que realmente necesitan las mejores ganancias que puedan obtener.

Si apenas logras arreglártelas en el día a

día, en verdad necesitas ser consciente del tiempo, porque no quieres perder ni un solo centavo de ganancia por mala planificación. La planificación temporal es importante para tus beneficios económicos. Ambos van de la mano.

Cómo programar tus inversiones
Ya sabes por qué la planificación de tiempo es importante, ahora necesitas consejos sobre cómo programar tus inversiones. La programación es diferente para cada tipo de inversión, porque todas ellas funcionan en diferentes zonas horarias. Debes saber exactamente cómo identificar los momentos precisos en cada una de ellas, para hacerlo, en esta sección se te dará una idea de cómo es eso posible. Recuerda, tú no controlas el tiempo, sólo controlas tu conocimiento sobre el tiempo, de manera que es importante que conozcas todo lo que esté a tu alcance acerca de los mejores tiempos en tu plataforma.

Bienes Raíces

Bienes raíces es una de las inversiones menos sensibles al tiempo, pero la baja sensibilidad que tiene es muy peculiar. La mayoría de las inversiones son lo contrario a bienes raíces con respecto a cómo el tiempo es manejado. Si deseas incursionar en bienes raíces, pero previamente estabas pensando en invertir en algo más, definitivamente debes estar consciente de las diferencias, así que a continuación se muestran los protocolos temporales para invertir en bienes raíces.

- Hazlo esperar: esto podría parecer contrario a cualquier consejo que hayas escuchado sobre inversiones, pero cuando se trata de bienes raíces, mientras más se espere, mejor será el trato que consigas. Puede que pienses que algo esté mal con la propiedad si no aparecen compradores durante un tiempo, pero la verdad es que, cuando las personas buscan una casa, son por lo general bastante exigentes y cosas simples tales como que la casa necesite modernizarse, las hará decir que no. Especialmente si el dueño no está dispuesto a hacer una rebaja. Mientras más tiempo espere, menor será el precio que los dueños estén dispuestos a aceptar porque se comenzarán a sentir desesperados. Ellos no quieren estar atrapados pagando impuestos por dos propiedades o no ser capaces de comprar una nueva propiedad hasta que hayan vendido la que tienen. Dejar que una propiedad espere es la mejor forma de obtener ganancias, porque puedes obtener casi una ganga si dicha propiedad ha estado en venta casi un año sin nadie interesado.

- Haz una oferta cerca del término del año fiscal: los impuestos a las propiedades son los peores, especialmente si tienes dos propiedades porque no puedes vender tu antigua casa por alguna razón. Si una propiedad ha esperado un tiempo considerable y se está acercando a la finalización del año fiscal, ese es uno de los mejores momentos para hacer una oferta por la casa, porque los vendedores estarán dispuestos a obtener ganancias muy bajas por la propiedad sólo para no tener que pagar impuestos, especialmente porque los impuestos sobre propiedades incrementan constantemente. Por supuesto, ellos probablemente digan que no si ofreces muy poco, pero por lo general hay más apertura a la negociación mientras más se acerque el pago de impuestos. Lánzate sin pensarlo dos veces y puede que hagas un buen negocio. Esto hace que obtener ganancias sea mucho más fácil, ya que estarás utilizando menos dinero en la casa antes de que obtengas tu retorno.

- Cierra el trato rápidamente: los costos de tramitación son elevados. Una vez que utilices tu dinero en la compra de un inmueble, no demores en solicitar la inspección y decidir que estás listo para firmar los papeles. Especialmente si el vendedor está utilizando un agente. Por lo general, el comprador paga los costos de los trámites de venta además del costo de la casa, y dichos costos pueden acumularse con mucha rapidez. Bienes raíces puede que parezca lo contrario a los demás tipos de inversiones, pero estos son buenos consejos sobre programación. Tú quieres una casa con apertura a la negociación. Lo que hace de bienes raíces diferente a las acciones y otros tipos de inversiones es que puede negociar el precio en vez de aceptar uno impuesto, u obtener menos potencial por menos precio. En bienes raíces puedes obtener un potencial de retorno mayor mientras menos pagues por la casa, porque utilizas menos dinero para obtener la misma ganancia que hubieras obtenido a precio normal.

Acciones y Bonos

La programación temporal con acciones es más volátil que con bonos, porque los bonos tienen un tiempo definido, así que sólo hablaremos de inversiones de acciones en esta sección. Las acciones dependen bastante de las franjas temporales cuando vas a invertir. Son por lo general más volátiles, así que llegar tarde un solo día puede derrumbarte. A continuación, unos consejos

- No esperes: cuando una inversión potencialmente buena entra en tu radar, y se ve apetecible para ti, tómala. Mientras más tiempo esté tu dinero allí antes de que llegue a su máximo potencial, más dinero obtendrás de retorno. Si colocas tu dinero muy cerca de su máximo potencial, no habrá mucho más espacio disponible para que se infle tu inversión. Lo que buscas es la mayor ganancia que puedas obtener, así que la indecisión es tu peor enemiga. Debes buscar lo que es nuevo, pero con potencial para ser increíble.

- Cerca del tope: una vez que llegues al tope del potencial de una inversión, en realidad no hay mucho más dinero a obtener. Debes buscar retirarte en la cima lo más pronto que puedas. Esto es así porque en cualquier momento, ya perdido el interés, el mercado para dicha inversión puede colapsar relativamente rápido. Por ejemplo, las "hoverboards" (patinetas eléctricas) como las llaman, fueron muy populares por pocos meses, pero su popularidad murió poco después de navidad, y lo mismo pasó con los "Hatchimals". Fueron oportunidades de inversión increíbles hasta que su valor más alto comenzó a bajar, y ahora son básicamente inútiles. Canjear por efectivo tus inversiones una vez que el interés haya llegado a lo más alto te asegura altas ganancias para tu inversión.

Day Trading
Éstas son las más sensibles de todas. Sin embargo, las reglas en el comercio de día son muy simples. Lo que debes buscar es ingresar rápido y salir rápido. Debes hacerlo todo en un solo día, y el mercado es muy volátil, así que debes vender tan pronto como tus acciones lleguen a su punto más alto, o podrías ver perdida toda

tu inversión, todo en cuestión de pocos minutos.

53

Capítulo 5: Cómo evitar malas inversiones

Todos dicen que debes tener al menos una mala inversión en tu vida, pero la realidad enseña que eso no es necesariamente cierto. Puedes tener inversiones mediocres, pero debes evitar las desastrosas bajo cualquier circunstancia. Esas inversiones te pueden causar mucha aflicción si no tienes cuidado, y podrías perder todo tu dinero. Debes evadirlas. En cada inversión, tu meta debería ser al menos recuperar lo invertido para que no pierdas nada de dinero. En esta economía especialmente, te darás cuenta de que el dinero es la raíz de todo el éxito. Debes conservar tu dinero lo mejor que puedas.

Una mala inversión puede costarte mucho, y en esta economía, puede ser duro recuperarte de ella si a penas lograbas llegar a cubrir tus gastos para empezar. Si tienes una oportunidad de inversión que se está desviando, lo mejor es retirar tu dinero antes de que se hunda, en vez de intentar pasar la tormenta. Siempre puedes volver a intentar, pero recuperarte de una pérdida masiva puede que no sea posible, y siempre es bueno que tengas la opción de volver a intentar.

Por qué deben evitarse malas inversiones
Exceptuando el hecho de que obviamente nunca querrás una mala inversión, y de que siempre debes buscar llegar a la cima, hay muchas otras cosas que una mala inversión puede afectar. Estas pueden hacer difícil o incluso imposible que vuelvas a intentarlo y realizar mejores inversiones en el futuro. El antiguo pensamiento era que una mala inversión te daba experiencia para el futuro y eso incluso hacia ver atractivo cometer errores, pero eso era antes de que llegara la recesión. Ahora es pertinente decir que la gente no tiene que lidiar con malas inversiones nunca más. Más libros están animando a las personas a seguir consejos para evitar malas inversiones, en vez de sólo encogerse y decir que así es la vida.

Las malas inversiones pueden legítimamente arruinarte financieramente.

Pueden hacer que te endeudes si recién comenzaste a invertir y no has separado un fondo para emergencias. Esto puede ser catastrófico para ti y cambiar tu vida financiera completamente, para lo cual quizás no haya regreso. Una mala inversión para alguien que no cuenta con los fondos para recuperarse puede significar el fin de su carrera como inversionista por completo. Esta es la triste realidad para muchos principiantes a quienes les enseñaron que: "las malas inversiones son necesarias" en vez de informarles cómo esquivarlas.

Las malas inversiones pueden golpear tu moral también. Incluso si tus recursos no son escasos, una inversión particularmente mala puede dejarte reacio a intentarlo otra vez. A mucha gente se le enseña hoy en día que el fracaso es algo malo, y que nunca deben fallar. Les enseñan que, si fallan incluso una vez, no son buenos en lo que están haciendo. Esto provoca un miedo enorme al fracaso y cuando una persona comete un error, siente como si debería darse por vencida completamente. Si cuentas con los recursos para volver a intentar, aprende de tus errores y vuelve a hacerlo. Lee más sobre cómo evitar malas inversiones. Haz lo que sea necesario para que las malas inversiones desaparezcan.

Las malas inversiones pueden ocasionar problemas en tu matrimonio (si estás casado), no directamente, pero los problemas económicos que causan sí. Los problemas de dinero son la razón número uno de divorcio entre las parejas separadas. Están incluso por encima de la infidelidad. Una mala inversión que te deja endeudado puede causar muchos problemas en tu matrimonio. Las peleas incrementarán, la distancia comenzará a aparecer y en general habrá problemas.

Las malas inversiones no sólo afectan tus finanzas, sino también tu vida privada. Debes asegurarte de no convertirte en una víctima de una inversión que puede arruinar tu futuro entero. Puede parecer un poco melodramático, sin embargo, es una dura realidad. Las malas inversiones afectan todo en tu vida, especialmente si ya estás padeciendo por problemas financieros.

Consejos para evitar malas inversiones

Ahora que sabes que debes evitarlas a toda costa, es importante que sepas cómo hacer esto. Esta sección repasará algunos consejos que puedes usar para evitar una mala inversión, y como garantizar que un resbalón no te arruine tampoco. Nadie nunca desea hacer una mala inversión, pero hasta hace poco, se decía que había que esperar tener una en vez de explicar cómo evadirlas. Éste libro espera ayudar a cambiar eso.

Si parece muy bueno para ser cierto...

Probablemente hayas escuchado el viejo refrán "si parece muy bueno para ser cierto, entonces probablemente lo sea" miles de veces en tu vida. Pues bien, ésta será la vez mil y una. Al invertir, siempre aparecerán oportunidades floridas y llamativas que intentarán robar tu atención. Prometen una exorbitante suma de dinero a cambio de una fracción del tuyo. No obstante, esa fracción puede ser un poco grande. Generalmente buscan que inviertas entre quinientos y mil dólares, pero prometen retornos de cientos de miles o millones de dólares. Suena irrazonable ¿verdad?

Desafortunadamente, muchos novatos se vuelven presas de estas estafas, porque eso es lo que son, estafas. Estos estafadores te piden invertir dinero en plataformas que ni siquiera has escuchado antes porque son"nuevas y novedosas" y son "la próxima bomba". Queriendo adelantarte al resto, te metes, porque la indecisión mata a las ganancias ¿cierto? Error. La indecisión mata a las ganancias sólo si la inversión no está haciendo sonar alarmas en tu cabeza. Estos tratos impresionantes son todos estafas. El estafador entonces se irá con tu dinero sin que tú veas ni un centavo de lo que colocaste en dicha "inversión". Esto dejará un gran agujero en tu cartera.

La mayor advertencia es la pésima gramática. Estos estafadores son usualmente personas que no conocen el lenguaje muy bien, o son robots que crean respuestas automáticas. Su lenguaje es rústico, y su ortografía usualmente perdida. Puede que haya muchos signos de exclamación para crear entusiasmo. Si logras contactar a alguien para preguntar sobre la oportunidad, ese alguien tratará de convencerte de que deposites el dinero para tu "gran ganancia". Comenzarán a parecer molestos por tus preguntas y simplemente dejarán de responderlas, e insistir que sólo confíes en ellos y deposites tu dinero en su plataforma de inversión. No queriendo perder la oportunidad, haces lo que esta persona te pide y esperas. Regresas a revisar tu inversión unos días después y el enlace no existe más, y ya no puedes ponerte en contacto con nadie sobre la inversión. En ese momento te das cuenta de que has sido engañado y realizas nuevamente el escenario y te castigas a ti mismo mentalmente por no haber visto las señales de advertencia.

Así que, la regla de oro es que: si parece muy bueno para ser cierto, probablemente lo sea. Esto te mantendrá lejos de si quiera intentar caer en una estafa.

Nuevo no siempre significa potencial

Este libro predica la importancia de las inversiones con potencial, pero saber cómo identificar potencial es importante también. Las inversiones potenciales son aquellas que generan mucho alboroto en poco tiempo. Algo tecnológico que la gente está esperando, tal como la idea de la "hoverboard". Juguetes nuevos o consolas de videojuegos son generalmente una buena idea de inversión también, tan pronto como son anunciadas.

Pero no todas las ideas nuevas tienen potencial. Hay algunas ideas que tienen muy poco o nada de potencial para ascender. Un nuevo tipo de hilo dental no generaría mucho alboroto, incluso si fuera un hilo automático manos libres. Productos para la higiene dental simplemente nunca han sido tendencia. Tú quieres un producto que la gente quiera comprar.

Sólo por ser nuevo no significa que sea una

inversión con buen potencial. Tienes que tener buen criterio sobre los artículos que estén por llegar. Si es algo por lo que la gente se emociona de tan solo pensarlo, entonces ve por ello a como dé lugar. Sin embargo, si le mencionaste la idea a tus amigos y se escucharon los grillos, entonces lo más probable es que no sea la mejor idea.

Mantente lejos de las ventas cortas
Las inversiones de venta al descubierto - como también se las conoce- son bastante engañosas. Estas se dan cuando vendes una acción a un determinado precio antes de que siquiera esté disponible. Es casi como cuando los vuelos sobrevenden sus pasajes para evitar puestos vacíos en caso de que alguien no se presente. Este tipo de inversiones muchas veces te hará pagarle de vuelta a tu comprador más intereses. A veces incluso te pueden vetar de una plataforma si lo haces muchas veces. Son en su mayoría malas noticias para todos los involucrados.

Si estás buscando hacer una venta al

descubierto por el interés que hay en una determinada acción, pero el mercado está cerrado hasta que la gente decida salirse, es recomendable buscar otras acciones para invertir. Porque incluso cuando alguien decida vender, puede que lo haga por mucho más de lo que te costó a ti la acción en primer lugar y, sin embargo, aún debes reponer las acciones que tomaste prestadas. Esta situación puede generar mucho más daño que el bienestar que se esperaba obtener.

Al invertir, otra regla de oro es utilizar el sentido común. Si hay algo que no harías en la vida real, no lo hagas en el mundo bursátil. Tú posees la habilidad de controlar lo que compras y lo que vendes, así que puedes escoger buenas acciones sin tener que preocuparte por decantarte por las malas. Tienes la habilidad de ser bueno en lo que hagas y la habilidad de hacer mucho dinero. No arruines eso cayendo en malas inversiones o fiascos de ventas cortas. Invertir se trata de hacer que tu dinero trabaje por ti, de tal manera que no tengas que trabajar por dinero. Ésa es la finalidad de invertir, libertad financiera. Encuentra buenas inversiones para disfrutar de esa libertad.

Capítulo 6: Cómo cerrar el trato

En cualquier inversión, tu objetivo debe ser terminarla adecuadamente. Hay diferentes maneras de terminar una inversión. Las diferencias se dan por las diferentes plataformas en las que tú puedes estar invirtiendo. Éste capítulo enseñará cómo cerrar el trato y hacerlo con una sólida ganancia proveniente de tu inversión.

Cerrar el trato no es exactamente lo que te imaginas. Sí, tiene que ver con ponerle fin a tu inversión, pero también involucra mucho más que sólo eso. También tiene que ver con comprar tu inversión. También hay más pasos para completar un trato que para cerrar una venta. Tienes que saber qué harás con tu dinero también; tienes que poder pagarle a tu corredor y tienes que cerciorarte de que el dinero que hiciste llegue a tu cuenta.

Por qué cerrar el trato es importante

Puede que estés pensando, "¿no es sólo vender y listo?", no necesariamente. A veces tienes que cerrar el trato al comprar una inversión también. Hay muchas razones por las que hacer esto es importante, y no es todo blanco o negro.

Por un lado, quieres estar seguro de que tus fondos están colocados en los lugares correctos para confiar en que obtendrás todas tus ganancias y que nadie se las lleve. Esto es parte de cerrar el trato. Mucha gente trata de llevarse parte del dinero proveniente de la venta de una acción, y si no estás atento no lo notarás, porque estas personas hacen esto retirando los fondos luego de haberlos colocado en su lugar. Muchas plataformas han hecho modificaciones a su seguridad así que esto no pasa muy a menudo, pero las plataformas más antiguas puede que tengan alguna falla que cause problemas. Así que asegúrate de nunca dejar tus fondos en tu cuenta de inversiones.

Debes corroborar de que tienes el dinero suficiente para pagarle a tu agente de bolsa de ser el caso. Esta es otra razón por la que debes confirmar que estás recibiendo la cantidad de dinero que acordaste. También debes confirmar que tu agente no haya cambiado sus tarifas por alguna razón, así que cuando compres una acción por medio de él o ella, asegúrate de firmar un acuerdo para cerrar el trato luego del intercambio de dinero.

Al hacer dinero, es importante que no te entusiasmes o te apasiones mucho por tu dinero, porque el dinero fácil se va. No hagas promesas que no podrás cumplir, sólo enfócate en pagar tus deudas primero. Ésta es una parte importante de cerrar el trato también: mantener tu boca cerrada al respecto.

¿Vas a reinvertir tu dinero para generar más o tuviste suficiente por ahora? Esta pregunta debe ser respondida, y si vas a reinvertir, cerciórate de que cuentes con el suficiente capital para hacerlo. Cuando vayas a reinvertir, debes saber dónde lo vas a hacer.

Has de decidir si quieres invertir en un nuevo sector o en el mismo en donde acabas de generar dinero. Es tu decisión, pero son cosas que tienen que saberse.

Cerrar el trato va más allá de lo básico de

sólo cerrar un negocio. En bienes raíces, debes mantenerte firme y cerrar rápido o el vendedor puede comenzar a ver otras ofertas y vender la propiedad a alguien más en vez de a ti. Hay varios motivos por los que es importante cerrar el trato y se debe hacer correctamente. Es más que sólo vender y guardar el efectivo. Tienes que ver que se les pague sus honorarios a todos, y que aún quede dinero para ti. Luego, lo que quieras hacer con ese dinero queda a tu criterio, pero es primordial tener un plan.

Aprender a cerrar tratos correctamente es el siguiente paso hacia la libertad financiera, y puede que incluso utilices estos consejos en otros aspectos de tu vida, como saber cuándo detenerte. Todo el mundo lucha por la libertad financiera, y si sigues estos consejos para invertir de principio a fin, estarás más cerca de experimentar esa alegría en tu vida. Si deseas ese bienestar para ti, entonces continúa leyendo este capítulo para descubrir más acerca de cerrar tratos y cómo utilizar el dinero después de eso. No te arrepentirás de hacerte con esta información porque te ayudará en el siempre confuso estado de "se acabó, ¿qué hago ahora?"

Cómo cerrar el trato

Cerrar el trato es diferente, dependiendo de la plataforma que estés usando. Forex, por ser un negocio completamente en línea es sólo cerrar la venta. Pasa lo mismo con Day Trading. Los bonos sólo los debes canjear. No obstante, las acciones y bienes raíces tienen pasos específicos para cerrar el trato y conocer dichos pasos es vital. Más adelante hablaremos también sobre cómo usar el dinero. Es importante que mentalices lo que deberías hacer con tu dinero para que no lo gastes en cosas que antes no podías disfrutar y regreses a donde empezaste.

Bienes Raíces

Antes de que cierres el trato sobre cualquier bien inmueble, es necesario que sepas todo lo que debes hacer antes de que el negocio culmine. Para este punto ya tuviste que haber pasado por la negociación inicial. Aquí es donde accedes a un precio que funcione para ambas partes. Esta cifra no es definitiva ya que aún tiene que realizarse la inspección. Inspeccionar una propiedad es muy importante, porque esto determinará si el precio fijado es apropiado para dicha propiedad. Probablemente seas tú el que tenga que pagar por el servicio de inspección, así que asegúrate de tomar en cuenta esto en tu presupuesto también. El inspector señalará si existe algún problema que tú no hayas notado cuando viste la propiedad, tales como problemas con el tejado, termitas, asbestos, etc.

Una vez que el reporte llegue a ti, puedes negociar cualquiera de estos problemas con el vendedor, sea que el vendedor arregle éstas averías antes de vender o acepte una rebaja al precio de la casa. Si el vendedor se niega a negociar, quizás debas buscar otra propiedad. Una vez que lleguen a un nuevo precio, debes hacer que el vendedor firme un acuerdo que estipule que no podrá aceptar otras ofertas durante el proceso de cierre de la venta. Una vez que el dinero y las llaves han cambiado de dueños, y todos los documentos han sido firmados, aún no termina el proceso.

Luego tienes que registrar la propiedad bajo tu nombre. Asegúrate con anticipación de contar con los fondos necesarios para hacer esto. Usualmente hacer nuevas escrituras cuesta dinero. También debes pagar cualquier impuesto a la propiedad que esté pendiente o del año en vigencia. Este proceso puede tomar un par de días o una semana entera.

Luego debes comenzar con la renovación de la casa y, nuevamente, ya debes contar con el presupuesto para esto. Puedes ahorrar dinero haciendo tú mismo las reparaciones que sabes hacer y usando materiales alternativos en vez de los ridículamente caros y sobrevalorados materiales como el granito.

Ya que la propiedad se encuentre a la venta o para arrendar, ahora serás tú el que pase por el proceso de negociación como el vendedor (o propietario).

Finalmente debes decidir qué harás con el dinero obtenido. ¿Repetirás el proceso o guardarás las ganancias en tu cuenta de ahorros para ayudar a pagar las deudas? La decisión es tuya.

Acciones

Cerrar negocios de acciones es mucho más simple que de bienes raíces. Sólo debes solicitar el dinero a tu corredor. Cuando lo hagas, cerciórate de que estés libre de todos los cargos antes de tu devolución. Recuerda que cuando compres acciones debes buscar aquellas con buen potencial. Debes vender tus acciones justo antes de que éstas alcancen su máximo potencial ya que es allí donde habrá varios compradores ansiosos por obtener una parte de esas ganancias, pero tú sabrás que ya no queda mucho más por obtener. Luego le pagas a tu agente y lo que queda de ganancia es tuyo para hacer lo que mejor te convenga.

Qué hacer con la ganancia

Luego de que todas tus deudas estén

saldadas, y que hayas resuelto tus emergencias, puede que aún te sobre dinero, y si hasta ahora habías vivido solo de cheque en cheque, quizás no estés acostumbrado a eso. Esto puede ocasionar que las personas se emocionen y comiencen a gastar como locas. Y al final regresan nuevamente a vivir de cheque en cheque, incluso puede que tengan que vender las cosas que compraron en su superávit para cubrir sus gastos. Tú no quieres convertirte en ese tipo de persona. Te metiste a invertir para salir de un hoyo, no para caer en uno.

Primero debes decidir si deseas seguir invirtiendo, y si es así, entonces debes decidir cuánto dinero quieres invertir. Si lo quieres invertir todo, hazlo, si te apetece invertir sólo una porción, eso también está bien. Toma la decisión y lánzate. La mayoría de las personas eligen reinvertir de manera que tengan un ingreso estable y dejen de vivir sólo de un sueldo. Cuando reinviertes continuamente, tu dinero comienza a trabajar para ti.

Cuando tu dinero trabaja para ti, tienes

menos de qué preocuparte. Esto es un ciclo que te lleva a la libertad financiera. Eventualmente puedes renunciar a ese trabajo sin futuro y dedicarte a hacer lo que amas, sin importar qué sea. No tienes que volver a preocuparte por cómo pondrás comida en tu mesa, o cómo pagarás ese préstamo.

La libertad financiera es una cosa maravillosa, y elegir reinvertir es la mejor idea para alguien que la busca. Puedes pasar de apenas llegar a fin de mes, a tener un superávit cada semana, y esa es la mejor sensación del mundo: cuando todas tus deudas están pagadas y aún queda dinero en tu cuenta bancaria. Invertir puede lograr esto por ti.

Conclusión

La libertad financiera es algo por lo que toda persona en el mundo lucha. Bueno, tal vez no todos, pero la mayoría. Se siente bien no tener que hacer malabares con nuestras deudas continuamente sólo para evitar que nos corten un servicio. Es agradable poder hacer cosas con tu familia sin tener que recurrir a un préstamo para hacerlo. El mejor sentimiento es saber que puedes proveer para tu familia y para ti con facilidad.

La finalidad de invertir es hacer que tu dinero trabaje por ti, en vez de tener que trabajar por dinero. Por supuesto, invertir también conlleva tener que trabajar, pero no tienes que madrugar, cumplir un horario y tener que trabajar una determinada cantidad de horas cada semana. El horario depende de ti. Invertir puede sacarte del mundo de horario de oficina hacia uno en el que trabajes cuando tú quieras.

Invertir requiere de cierto nivel de compromiso y conocimiento, pero este libro está aquí para ayudarte con eso. En este libro, has leído varios consejos para llevar a cabo inversiones exitosas, para que tu dinero trabaje por ti. Reinvertir es altamente recomendado, aunque decidas hacerlo en un campo diferente cada vez.

Cuando reinviertes, tienes la oportunidad de hacer crecer tus ganancias mucho más. Eventualmente guardarás más y más ganancias en tu banco y menos en inversiones y seguir haciendo dinero. Este es uno de los beneficios de la constante reinversión.

Debes de estar muy atento a evitar malas inversiones. Una mala inversión puede cohibirte más de lo que cualquiera quisiera admitir. Este libro te ha enseñado cómo evitar malas inversiones, para que puedas concentrarte en hacer dinero sin preocupaciones. Cuando haces una mala inversión, tu dinero no está trabajando para ti, así que es mejor evitarlas a toda costa. No hagas caso al disparate de "una mala inversión te hará más fuerte". Te hará más daño que bien, así que saber cómo rodearlas es la mejor idea.

Saber identificar buenas inversiones es tan importante como diferenciar las malas.

El tercer capítulo trata sobre cómo encontrar buenas inversiones por esa misma razón. Si estás buscando lo mejor, seguramente no caerás en lo malo. También debes saber cómo programar tus inversiones, y éste libro ha repasado ese tema también. Este es un libro importante sobre inversión, y es excelente para principiantes ya que tiene todos los consejos necesarios para empezar.

Invertir puede ser un mundo riesgoso para navegar, pero con este libro, tienes la información propicia en tu arsenal para tomar sabias e informadas decisiones para invertir correctamente en tiempo real.

Gracias por adquirir este libro, y espero que te haya parecido informativo e interesante.

Si te gustó el libro, por favor dale una buena reseña. Gracias nuevamente.

Parte 2

Gracias por tu compra.

En los siguientes capítulos se discutirá todo lo que necesita saber para convertirse en un experto en el mundo de la inversión. Invertir tu dinero ganado con esfuerzo en los lugares más prósperos puede parecer desalentador, pero no tiene por qué serlo. Con esta guía simple y fácil de aprender, puedes aprender los pormenores de la inversión en una variedad de mercados en muy poco tiempo!

Con este libro, serás capaz de construir una base sólida que te llevará a sentirte seguro de dónde y en quién está invirtiendo todo ese dinero. No te limites a improvisar, sino que lo aprendas de verdad.

Adquirirás todo el conocimiento que necesitas para iniciarte en el mundo de las inversiones exitosas. Quién sabe, tal vez valgas cientos de miles o más, ¡y aún no lo sabes!

Gracias de nuevo por elegirnos. Se ha hecho todo lo posible para que estés colmado de información útil, ¡por favor, disfrútalo!

¿Sabías que un gran porcentaje de las personas que ganan mucho dinero lo pierden en los primeros dos años?

No se necesita mucho para que una persona pierda todo su dinero. Alrededor de 2 de cada 3 ganadores de lotería pierden todas sus ganancias en un plazo de 5 años. Si alguien pudiera perder cientos de millones de dólares en un par de años, ¿qué tan rápido perdería los millones que podría ganar con este libro?

Durante los últimos dos años me he topado con el secreto clave detrás de la gestión del dinero y de su MANTENIMIENTO. Si sigues el siguiente enlace, descubrirás la verdad detrás de la gestión y el mantenimiento del dinero que ganas

Capítulo 1: Por Qué Debería estar Aumentando tu Dinero

Ya sabes lo que dicen: "¡Tienes que tener dinero para hacer dinero!" Lo mismo es totalmente cierto cuando se trata de invertir. Dotar tus dólares duramente ganados te da el poder de poner ese dinero en un camino para ganar fuertes tasas de retorno. Si no inviertes, esencialmente estás perdiendo oportunidades increíbles para aumentar tu valor financiero. Si bien existe la posibilidad de perder dinero cuando se invierte, si se hace de manera inteligente, la ganancia potencial es mucho más gratificante que la pérdida de no tomar nunca la acción de invertir.

Estas son las mejores razones para invertir tu dinero a partir de ahora:

Cultiva Tu Dinero

Obviamente, el acto de invertir su dinero

lo coloca en un vehículo como bonos, acciones, certificados de depósito, etc. Estos ofrecen un retorno sobre el dinero que usted reserva para invertir durante un largo período de tiempo. Estos tipos de rendimientos le permiten construir su dinero, lo que le ayuda a crecer para aumentar su riqueza financiera con el tiempo.

Construye Tu Jubilación

Cuando somos jóvenes y empezamos a trabajar para llegar a fin de mes en el mundo de los adultos, muchos de nosotros ni siquiera pensamos en ahorrar dinero para la jubilación. Muchos no son conscientes de su tolerancia al riesgo, lo que inhibe a la gente de considerar la posibilidad de invertir dinero en vías de inversión. La realidad es que cuanto mayor es el riesgo, mayores son lasposibilidades de ganar una mayor cantidad de riqueza. Los mejores lugares para invertir tu dinero cuando eres joven en metales preciosos, negocios, bienes raíces, fondos mutuales, bonos y acciones.

Sin embargo, tu forma de pensar cuando se trata de invertir debes cambiarla con el tiempo. Necesitas volverte más conservador a medida que envejeces, especialmente a medida que llegas a la edad de jubilación. No quieres perder todo ese dinero que trabajastes tan duro para invertir!

Adquiere Retornos Más Altos

Si deseas ver crecer tu dinero, tendrás que invertirlo en lugares que tengan una alta tasa de retorno. Ganarás más dinero cuanto más alto sea este rendimiento. Muchas vías de inversión ofrecen oportunidades para que obtengas altas tasas de rendimiento. Por lo tanto, si deseas ganar una tasa más alta, tendrás que explorar un poco antes de invertir tu dinero.

Alcanza Tus Metas Financieras

Invertir es un gran método para alcanzar tus grandes aspiraciones financieras. Cuando tu dinero está ganando una tasa de interés más alta, estás ganando mucho más con el tiempo de lo que ganaría simplemente colocando dinero en una cuenta de ahorros. El rendimiento de sus inversiones puede ser utilizado más adelante en la vida para ser utilizado en metas financieras, tales como comprar un automóvil, dar un pago inicial de una casa, comenzar un negocio o conseguir que sus hijos vayan a la universidad.

Construye ante Dólares Pre-Impuestos

Algunas vías de inversión, como las 401(k) patrocinadas por el empleador, te permiten invertir tus dólares Pre-Impuestos. Tener esta opción te da la oportunidad de ahorrar más dinero que sólo invertir tus ingresos después de impuestos.

Califica para los Programas de Emparejamiento con el Empleador

Hay algunos empleadores que ofrecen a sus empleados la oportunidad de igualar el dinero que inviertes dentro de tu 401(k) hasta una cantidad planificada. La única manera en que puedes calificar para esta oportunidad es si inviertes en tu 401(k). Esta es la razón principal por la que muchos deciden invertir en los planes 401(k) de su compañía para que puedan obtener los fondos correspondientes del empleador.

Comienza y Construye Negocios

Invertir es un aspecto vital para iniciar un negocio y expandirlo. También juega un papel importante en ayudar a otras empresas a expandirse. Muchos inversores disfrutan apoyando a los empresarios y dedicándose a la creación de nuevos productos y empleos potenciales. Los inversionistas realmente aman la parte de sus trabajos donde pueden ser parte del proceso de establecer negocios contemporáneos y ayudar a construirlos para que sean exitosos y, a su vez, crear un fuerte retorno de su inversión.

Oportunidad de Apoyar a Otros

A los inversores les gusta invertir en otras personas, no importa si son fabricantes, artistas, dueños de negocios, etc. Se sienten bien ayudando a otras personas a alcanzar sus metas.

Reduce tus Ingresos Gravables

Ser un inversionista te permite reducir tu ingreso total gravable mediante el acto de invertir dólares antes de impuestos en un fondo de jubilación. Cuando generas a partir de una pérdida de inversión, puedes aplicar esas pérdidas contra las ganancias que recibes de otras inversiones, lo que resulta en una disminución en el monto de la renta gravable.

Sé Parte de un Nuevo Emprendimiento

Los nuevos emprendimientos siempre necesitan un respaldo de dinero. Las personas que inician nuevos negocios buscan inversores que los respalden. A los inversionistas les gusta la emoción de ser parte de la creación de algo de vanguardia y de ser parte de algo que los introduce a un mundo completamente nuevo.

Capítulo 2: Cómo Funciona el Interés Compuesto

Al poner tu dinero en una cooperativa de crédito o banco, se te paga una cierta cantidad de interés por ser paciente y dejar que tu dinero se quede en tu institución financiera. Debes cambiar tu forma de pensar hacia el interés y verlo como una gran cosa. Cuando tomas la acción de poner dinero en una cuenta de inversión, el interés acumulado está trabajando para ti.

¿Qué es el Interés Compuesto?

El acto de componer simplemente significa que estás ganando interés sobre el interés que ya se ha acumulado en una inversión que hicistes. Es el acto de aumento exponencial de tu inversión. La capitalización funciona como un proceso de creación de un rendimiento de las ganancias reinvertidas de un activo.

Requiere de dos piezas vitales para funcionar correctamente:

1. La reinversión de las ganancias

2. Tiempo

Visualiza el interés compuesto como un asistente personal que puedes ayudarle a aumentar la inversión que hizo inicialmente. Para aquellos que son más jóvenes cuando empiezan a invertir, la capitalización es, con mucho, la mejor herramienta, ¡por lo que es muy recomendable empezar lo antes posible!

La Diferencia entre el Interés Compuesto y el Interés Simple

El Interés Simple se recibe solamente de la ganancia del capital. Por ejemplo, tienes $1,000 por los cuales estabas ganando un interés simple del 2 por ciento cada año, habrías ganado $20 al año con esos

$1,000. Tu interés para el primer año sería de $20, al igual que para el segundo, tercero, cuarto, y así sucesivamente. La cantidad que ganastes no cambiaría. Para cuando pasen 40 años, habrás ganado alrededor de $1,800.

El Interés Compuesto le permite a uno ganar más interés sobre el interés que está ganando de una inversión. Por ejemplo, si tienes $1,000 y ganas 2 por ciento cada año después de la inversión inicial con intereses compuestos, el resultado es totalmente diferente que con intereses simples. Para cuando llegues al final de tu primer año, tendrás $1,020. Para el segundo año, terminarías con $20.40 en lugar de sólo $20. Si lo dejas solo por los 40 años, entonces habrás ganado $2,200.00. Eso es más de $400 que utilizar el proceso de interés simple.

Creando Ahorros de Sobretiempo

Como puedes ver, si invirtieras $1,000 en

una cuenta que sólo rindió el 2 por ciento, tu dinero no crecería a un ritmo muy rápido. La clave para invertir es contribuir constantemente con dinero a esa inversión, lo que le permite contar con dinero adicional que te permita ganar intereses compuestos. El aspecto mágico del interés compuesto es que mientras más contribuyas, más rápido verás crecer tu dinero! Ten en cuenta que el interés compuesto funciona mejor para tí si dejas ese dinero solo por un período de tiempo más largo. Una vez más, una razón perfecta para empezar temprano y construir con el tiempo.

Por ejemplo, digamos que tienes 25 años y comienzas invirtiendo $5,000 en una cuenta de ahorros. Si depositas $200 en cada mes durante un período de 40 años, tu dinero puede crecer hasta $158,900.00 para cuando llegue a la edad madura de 65 años. Si contribuyes con $500 cada mes durante 40 años, habrá ganado $380,700. Pero si consigues empezar sólo cinco años más tarde, sólo terminarás con $315,9oo+.

¡Verás cómo empezar temprano le da la ventaja de ganar decenas de miles de dólares más!

Inflación

Otro aspecto clave en el mundo de las inversiones es la inflación, que tiene el potencial de dañar su potencial de retorno. Una buena regla a seguir cuando se trata de ahorros es calcular que la inflación será de 3 a 4 por ciento cada año. Lo que esto significa para tí es que tus ganancias reales se reducirán si tu cuenta no tiene un alto rendimiento. Se recomienda buscar un producto de ahorro que ofrezca mayores rendimientos en primer lugar, como CDs, cuentas de ahorro en línea, etc.

Puede que la inflación no esté luchando contra tus ganancias en este mismo momento, pero en el futuro, la tasa de interés probablemente aumentará. Si contribuyes más a tus ahorros, encontrarás que tus contribuciones crecerán a un ritmo mucho más rápido.

Quieres ganar intereses, no pagarlos

El interés compuesto es una herramienta bastante ingeniosa, ¿verdad? Ten cuidado, sin embargo, porque también puede funcionar de la manera opuesta.

Tomemos como ejemplo una compañía de tarjetas de crédito. Una persona típica cobra alrededor del 20% de interés sobre los saldos impagos cada mes. Si tiene un saldo impago de $1,000, se convertirá en $1,200 de deuda para cuando termine el año. Necesita invertir la carga de deuda que tiene aplicando los principios del interés compuesto. Transfiere la deuda de su tarjeta de crédito a un plan de interés con tasas de interés más bajas. O bien, elije un préstamo con un pago de interés anual, en lugar de uno con un pago mensual o trimestral requerido.

Hay muchas inversiones que puedes utilizar para aumentar tu capitalización, así como para maximizar tus esfuerzos para generar riqueza:

Cuentas de Ahorros de Alto Interés

Estas cuentas pueden ser difíciles de conseguir, pero al hacer un poco de análisis, puedes encontrar algunas tarifas increíbles. Si deseas invertir ahora, debes buscar bancos que actualicen tus tasas de interés regularmente. Sólo unos pocos puntos porcentuales pueden hacer una gran diferencia.

Por ejemplo, si inviertes $5,000 en una cuenta que aumenta el 0.8 por ciento del interés compuesto en un período de 5 años, tu ganancia será de $5,200. Pero la misma inversión de $5,000 a una tasa del 2 por ciento te rendirá $5,500. Por esos $300 extra, vale la pena ese tiempo extra para encontrar una mejor tasa de interés en la que invertir tu dinero. Bankaholic es un gran comienzo para los consumidores en los Estados Unidos, y High-InterestSavingses una buena opción para los consumidores canadienses.

Otra cosa buena que le da tranquilidad es que las tasas de interés en los sitios web de los bancos a menudo son negociables. Antes de aceptar una tarifa fija, no importa si se trata de un pago de automóvil, cuenta de ahorros o carga, pregúntale al proveedor si tiene alguna discreción. Puedes obtener un panorama interesante, pero sólo por preguntar, ¡el prestamista puede que te ofrezca la mejor tarifa disponible!

Certificado de Depósito (CD)

Los CD's son vehículos de inversión muy seguros, ya que ofrecen una tasa de interés fija hasta que alcanzan una fecha de vencimiento específica. La ventaja de los certificados de depósito sobre las cuentas de ahorro de alto interés es que garantizan que la tasa de interés no cambiará durante el tiempo que estás invirtiendo. La cuestión es que tu dinero no es líquido, lo que significa que tienes que mantenerlo bloqueado durante un período de tiempo específico. Si vas a hacer un retiro antes de esa fecha, tendrás que pagar una multa. Lo que ganas de los intereses también está sujeto a impuestos.

Existen varios tipos de CD y GIC (Certificados de Inversión Garantizados). Cada uno tiene su propio conjunto de términos, así como pros y contras. A partir de ahora, las tasas de interés de los CD y GIC son más o menos las mismas que las de las cuentas que tienen tasas de interés altas.

Pagos de Dividendos en Acciones

Las acciones que te pagan dividendos son una manera fantástica de añadir ingresos adicionales a tu vida. Para comprender el poder absoluto de invertir en este tipo de pagos, lee este ejemplo de la historia de Grace Groner:

Grace fue contratada como secretaria después de graduarse de la universidad en 1931. Trabajó durante 40 años en este puesto. Grace no ganaba un salario increíble como secretaria. Compró ropa en tiendas de segunda mano y ventas de casas personales y vivió en un pequeño apartamento que le fue dado después de la muerte de un amigo.

Unos años después, en 1935, Grace compró algunas acciones de la compañía para la que trabajaba, a 60 dólares por acción. Su inversión total fue de $200. Grace no vendió su parte. A través de las formas de división de acciones, dividendos y reinversión de dividendos, cuando falleció en 2010, su parte de las acciones tenía un valor de más de 7 millones de dólares. Simplemente comenzando con $200, Grace pudo aprovechar al máximo el poder de la capitalización durante aproximadamente 75 años.

La Respuesta a la Inversión

Al entender cómo maximizar el uso del interés compuesto, también puedes albergar el poder de crear una parte sustancial de la riqueza con el tiempo. La clave vital a tener en cuenta es que no importa cuán buenas o malas sean tus finanzas en este momento, puedes cambiar tu futuro financiero gracias a la capitalización.

Capítulo 3: Cosas que Debes Saber Antes De Invertir

Muchas personas nunca se toman el tiempo para invertir porque siguen su creencia de que "mi dinero no está seguro en los mercados". Esta es la conclusión que muchas personas tienen, especialmente después de la devastación que los mercados enfrentaron en 2008. Las acciones fueron vendidas, y muchos vieron como sus 401k se convertían en 201 y hasta 101k's. Pero ahora, aquellos que antes tenían poca fé en los mercados, han comenzado a poner los pies en el mundo de la inversión una vez más. Desde entonces, el mercado de valores lo ha estado haciendo de manera espectacular y ha demostrado que todos esos periodistas escépticos están totalmente equivocados.

¿Estás pensando en volver a invertir en el mercado? Bueno, ahora podría ser el momento más perfecto para evitar los errores que muchos inversores de trampa utilizan para consumirse sus ganancias.

¡Este capítulo describe cómo invertir sabiamente tu dinero ganado con esfuerzo con estos valiosos consejos!

Conozca los Costos de Inversión

Uno de los mayores errores que cometen los inversores es pagar grandes cantidades para invertir su dinero. Los corredores de bolsa, los asesores fiscales y los asesores financieros no son baratos y pueden consumirse fácilmente cualquier ganancia que recibas dentro de tu portafolio de inversiones.

Los recargos que Wall Street oculta a los inversionistas están en la letra minúscula de tus estados de cuenta trimestrales. E incluso si te tomaras el tiempo para leerlos, probablemente te resultaría muy difícil entender lo que dicen. Si no te enteras de las tarifas que te están cobrando, probablemente deberías evitar esos servicios en primer lugar. Regla empírica: si las tarifas no son completamente claras y fáciles de entender, evítalas a toda costa.

Aquí están las mayores fuentes de costos que se necesitan para invertir y que debes tener en cuenta:

- **La Inflación** es una de las principales causas de muerte de los portafolios de inversión. Si tus ganancias de inversión no se mantienen por delante de la inflación, perderás dinero porque el valor del mismo se reduce.

- Cuando tu asesor de inversiones te informa cuánto has ganado, es más que probable que hable de tus ganancias sin**impuestos**. Pero la realidad es que nunca te llevas a casa las ganancias sin impuestos, sólo las ganancias con impuestos. Debes entender cómo el sistema de impuestos se ocupará de tus inversiones. También deberás tener en cuenta el desarrollo futuro de los indicadores de impuestos y cómo afectarán también a tus inversiones.

- Los fondos mutuales y los corredores te cobrarán una fracción de la cantidad basada en cuán grande o pequeño es tu portafolio, lo que se conoce como **comisiones de asesoría**. A menudo el número que cobran es tan pequeño que piensas mucho en ello, pero el 2 por ciento puede sumar más rápido de lo que piensas.

- Cada vez que vendes o compras una acción, tu firma de corretaje cobra una comisión, conocida como comisiones de corretaje. Por lo general, son comisiones fijas basadas en la cantidad de acciones que compras o en el comercio. Cuanto más bajas, mejor es la forma de llegar hasta aquí.

Disminuye tus Costos

Dado que ya eres consciente de los costos que pueden dañar tu portafolio global, ahora te encuentras en una situación en la que necesitas encontrar métodos para reducirlos. Aquí están las mejores cosas que puedes hacer para contrarrestar esas comisiones:

- **Invierte en fondos mutuales e índices que cuesten menos**. Esto obviamente parece bastante sencillo, pero muchos inversores pasan por alto esta simplicidad. Hay fracciones muy pequeñas de un porcentaje que pueden tener un gran impacto en tu portafolio durante muchos años.

- **Presta atención a los cambios en los costos**. Aunque invertistes en un fondo de bajo costo, para empezar, no significa que los costos se mantendrán bajos. Nuevos competidores y productos son introducidos en el mundo todo el tiempo, lo que puede jugar un papel importante en el aumento de sus comisiones.

- **Paga las ganancias de capital, no los impuestos sobre la renta**. Las cuentas de corretaje activas o los fondos de inversión que generan muchas ventas también crearán altos impuestos sobre las ganancias. Puedes reducir tus costos de impuestos pegando fondos que son pasivos y pueden hacer inversiones a largo plazo. Pagarás un capital más bajo en lugar de esos impuestos de altos ingresos. Sólo ten en cuenta que algunos han eliminado este beneficio para los inversores.

•**Compra de Tesoros Protegidos contra la Inflación**. Para disminuir la exposición al proceso de inflación, puedes comprar oro, que tiene una tendencia a subir de valor cuando el valor del dinero disminuye. Pero este no es un método práctico para la mayoría de los inversores. Un método más simple es poner parte de tu portafolio total en un TIPS, o Treasury Inflation Protected Securities. Aunque esto no lo protegerá de colapsos en el gobierno, puede protegerlo de todo lo demás.

•**Invierte en una cuenta de jubilación**. Si

estás invirtiendo para ahorrar principalmente para la jubilación, asegúrate de que estés utilizando una cuenta que también se asocie con ventajas fiscales que te permitan evitar impuestos no sólo ahora, sino también en el futuro. Esta ventaja puede llevarte lejos, y la buena noticia es que muchos grandes empleadores ofrecen estas cuentas.

Obten Exposición a Sorpresas al Alza

Como inversionista, podrás ver de primera mano lo impredecible que es el mercado. Este es un gran problema para muchos inversores porque sólo te permiten invertir en las ganancias que esperas obtener en el futuro. Como inversionista, también eres un especulador de la incertidumbre en eventos futuros.

Una manera de manejar toda esa incertidumbre es crear una situación de exposición al alza. Lo que esto significa es que debes estar dispuesto a aportar dinero a un número como lo haces cuando juegas a la ruleta. En otras palabras, no seas estúpido y haz grandes apuestas al azar. Busca y localiza eventos que parezcan muy poco probables, algo que muchos otros dicen que es poco probable que ocurra. Haz una pequeña inversión en ese caso, sólo recuerda que las probabilidades están en tu contra.

Por ejemplo, comprar un billete de lotería de $1 no es una buena manera de exponerse a la ventaja de ganar. Esto se debe a que tu inversión de ese dólar es demasiado para muchos jackpots en primer lugar. Pero si compras un billete de lotería con sólo unas monedas de cambio, eso tendría más sentido. El punto aquí es, hacer apuestas más arriesgadas está perfectamente bien siempre y cuando el costo para hacerlas sea bajo.

Diversifica

Todos han aprendido a no poner todos tus "huevos en una sola canasta". Diversificar tus inversiones es vital. Pero muchos no se dan cuenta de lo difícil que es diversificar realmente su dinero. Aquí hay algunos consejos para empezar:

- **Tener más de un gerente**. Mucha gente piensa que están diversificados debido a la variedad de activos que tenían en sus portafolios. La triste verdad es que muchos inversores están expuestos a un tipo de riesgo totalmente diferente, que es el de ser estafados por su gestor de activos. La diversificación debe producirse en todos los niveles.

- **Preferencia de tiempo**. Tu portafolio de inversiones debe tener activos que esperas apreciar en diferentes incrementos de tiempo. Este es un aspecto muy supervisado de la inversión. Hacer esto te ayuda a evitar que esas inversiones se vean afectadas de una vez, posiblemente en un momento en el que el mercado podría estar cayendo en picada.

- **Mezcla de activos**. No estás diversificado si posees veinte o incluso cien acciones y nada más. Debes esforzarte por tener una variedad de clases cuando se trata de activos, tales como tesoros, oro, bonos, acciones, etc. Esto lo hace realmente diversificado.

Involúcrate en Transacciones con Información Confidencial Legal

Si tienes parte de información valiosa sobre una organización a la que sabes que otros no tienen acceso, deberías pensar en hacer transacciones con esa información. No hay nada ilegal en el comercio de información que sea secreta y que le haya costado mucho trabajo encontrar. Esta es una de las mejores y únicas maneras de vencer al mercado.

Aquí está la clave, sin embargo, no lo intentes si la información que ocultas sobre una organización es aquella para la que tú o tu cónyuge trabajan. No actúes de acuerdo con esto incluso si tienes una obligación con un tercero. Puedes violar fácilmente las reglas de la SEC cuando intercambias información no pública desde un lugar de trabajo para el que trabajas.

No te Dejes Engañar por las "Acciones en Alza"

Cada año, algunas empresas publican artículos en periódicos y revistas sobre las acciones en alza y los sectores que se acercan. Honestamente, nunca debes leer estos artículos y evitarlos tanto como sea posible. Lo único que hacen es distraerte.

El mismo concepto es válido para invertir en el asesoramiento de personas como el Sr. Jim Cramer. Cuando los mercados abren en la mañana siguiente, una acción que Cramer recomendó es más que probable que sea demasiado cara. Si realmente quieres apostar dinero en estas acciones en alza, espera un par de meses. Si se caen y todavía piensas que es una buena inversión para tu dinero, házlo. Pero la clave aquí es evitar esa premura inicial de querer intercambiar yendo por el señuelo cuando se anuncia por primera vez.

Ignora la Mayor Parte de Tu Estado de Cuenta Trimestral (¡Pero Léelo!)

Seamos honestos, ¿a quién le gusta leer sus declaraciones en primer lugar? Esto es especialmente cierto cuando el mercado no es el ideal. Te harán sentir pobre, ignorante y pueden disminuir tu autoestima general cuando se trata de invertir. Pero sí, ¡necesitas leer tu declaración! No deberías estar leyéndolos para tus ganancias, sino para hacer un seguimiento de las comisiones de inversión. Muchos corredores de bolsa y fondos recurren a comisiones adicionales con la esperanza de que los inversores no se den cuenta de ellas.

Si vas a invertir en un fondo considerable, espera pagar las cuotas requeridas. Sin embargo, si planeas crear una cuenta de corretaje, tiene mucho más espacio para negociar cuáles son estas comisiones.

Los asesores financieros dirán que las comisiones se fijan a una tasa determinada y que no se pueden cambiar, pero no lo creen. Hay una variedad de comisiones que ofrecen los corredores. La cuestión es que no están obligados a encontrar los más baratos para ti. Necesitas negociar con tu corredor para encontrar la comisión más baja que se pueda. Una vez que te den una cita, simplemente diles que "estas no son las comisiones que estoy buscando".

Invierta en Fondos Pasivos del Ciclo de Vida y Reinvierta con Dividendos

Este consejo puede ser desalentador, pero ¡bienvenido al mundo de las inversiones! Lo mejor que puedes hacer para lograr el éxito en el ámbito de la inversión es invertir tu dinero en un fondo de ciclo de vida de bajo costo. Estos fondos pueden cambiar su asignación de activos según tu edad.

También debes dar el paso de reinvertir esos dividendos en tus fondos. Cada año debes tomarte el tiempo para examinar las comisiones y cada cinco años pedir ayuda para analizar la asignación de tus activos. Si te divorcias, compra una casa, se casa, tiene hijos, etc., querrá volver a examinar estas asignaciones.

Nunca Serás Capaz de Vencer al Mercado

Y no querrás hacerlo de todos modos! Aquí están los aspectos cruciales que necesitas saber cuando se trata de invertir:

- Incluso si aprendieras a vencer al

mercado, no podrías vencerlo. Si lo intentas, lo más probable es que acabes más atrás que cuando empezaste.

• Dicho esto, no hay ninguna razón por la que debas querer ser más listo que el mercado de todos modos. La gran noticia aquí es que no tienes que luchar contra el mercado para recibir ganancias de tus inversiones. El objetivo real de invertir es ahorrar dinero para más adelante en la vida y no dejar que pierda valor. Invertir no se trata de enriquecerse rápidamente.

• A veces, las devoluciones serán mucho peores de lo que esperas. En el futuro, las estrategias de inversión diversificadas podrían no dar los mismos resultados. Los cambios demográficos, la difusión de la información, la edad del inversor medio y la caída de los mercados tienen un impacto enorme. Nunca cuentes con que los bonos y las acciones suban a lo largo de una tendencia para siempre.

Capítulo 4: Invertir en Acciones

Déjame preguntarte esto: ¿Preferirías tener 108.000 o 600.000 dólares?

La respuesta para todos es obviamente la misma! ¡¿Pero cómo puedes ganar 600.000 dólares como una sola persona?!

Bueno, comienza con invertir $300, luego agregas $300 mensuales en el transcurso de 30 años, y acumularás $108,000. Pero aquí está la diferencia cuando se trata de componer a diferentes tasas de interés:

- 2 por ciento = $147,600
- 5 por ciento = $245,600
- 10 por ciento = $620,700

La lección vital que hay que aprender aquí es que el ahorro es importante, pero lo que se gana con ese ahorro es crucial para ganar más dinero con esas inversiones. Lamentablemente, en el mundo de hoy, no hay ningún método para ganar algo parecido a ese 10 por ciento cuando se trata de cuentas de ahorro aseguradas. Es incluso desafiante ganar el 2 por ciento a veces. El único método para obtener una tasa de rendimiento más alta es tomar un riesgo e invertir en acciones.

¿Qué Son Las Acciones?

Las acciones son inversiones de capital que sirven como parte de la propiedad dentro de un negocio. Dan derecho a una parte de los ingresos y activos de esas corporaciones. Las acciones ordinarias otorgan a los accionistas el derecho de voto, pero no garantizan que recibirán pagos de dividendos. Las acciones preferentes no ofrecen derecho a voto, pero prometen el pago de dividendos.

Los accionistas reciben un certificado en papel de sus acciones, que se conoce como un valor. Esto verifica el número de acciones que poseen. Pero hoy en día, la propiedad se registra electrónicamente. Esto significa que las acciones son mantenidas por su firma de corretaje para su custodia.

Los accionistas reciben un certificado en papel de sus acciones, que se conoce como un valor. Esto verifica el número de acciones que poseen. Pero hoy en día, la propiedad se registra electrónicamente. Esto significa que las acciones son mantenidas por su firma de corretaje para su custodia.

La inversión en acciones puede ser muy difícil. Cuando se trata de invertir con éxito en acciones, tendrás que entrar en una mentalidad empresarial. Antes de salir a comprar una acción, debes dominar todas las partes fundamentales que componen la inversión. No te convertirás en un inversionista de la noche a la mañana, pero una vez que entiendas lo básico, sólo entonces debería estar invirtiendo en acciones. De esta manera, tienes la confianza para tomar las decisiones correctas.

Dependiendo de cómo se miden las acciones, han promediado entre un 8 y un 10 por ciento anual en el último siglo. Las acciones siempre implican riesgo, por lo que pagan mucho más que la cuenta de ahorro promedio. Si evitas el riesgo, creas un riesgo completamente nuevo, que es no tener suficiente dinero para sobrevivir adecuadamente en tus años de jubilación bien merecidos.

El conocimiento de las acciones es importante! Y contrariamente a la creencia popular, no es ciencia espacial.

Las Reglas de la Inversión en Acciones

Regla #1: Sólo Dinero a Largo Plazo

Las Acciones ni siquiera existirían si no pagaran más que las alternativas menos arriesgadas. La frase clave en esta regla para recordar es "con el sobretiempo". Cuanto más larga sea su inversión, menor será el riesgo cuando se trate de acciones.

El comercio diario es muy arriesgado porque nadie sabe realmente lo que va a ocurrir cada día. Si no eres de los que son extremadamente arriesgados con su dinero, trate de invertir en acciones de calidad porque muestran más valor a lo largo del tiempo históricamente.

Regla #2: Moderación

Dado que el mercado de valores es arriesgado, es vital que nunca pongas todo tu dinero en un solo lugar. Si tienes 25 años de edad, por ejemplo, debes restar tu edad a 100 años. Esto significa que el 75 por ciento debe ser puesto en los inventarios y el otro 25 por ciento debe ser puesto en los ahorros.

Regla #3: Utilizar los Fondos Mutuales

A mucha gente le gusta comprar acciones individuales, pero no es necesario. Puedes trabajar perfectamente bien con un fondo mutual ya que reduces el riesgo de reducir las pérdidas al mismo tiempo.

Los fondos mutuales son esencialmente una gran cantidad de inversiones. Puede ser tanto un fondo común, que es un fondo común de acciones o un fondo común de bonos, un fondo común de bonos. O bien, algunos fondos mutuales retienen tanto acciones como bonos, lo que se denomina un fondo balanceado.

Los fondos mutuales te permiten distribuir el riesgo de invertir en acciones mediante la diversificación entre muchas acciones en lugar de sólo unas pocas. También tienen personas en ellos que hacen tanto la compra como la venta y que llevan la cuenta de la mayoría de ese molesto papeleo para ti.

Los fondos mutuales se dividen en dos categorías:

• Los fondos indexados son similares a la propiedad de todo el mercado de valores, pero se representan con un índice. Todo lo que los gestores de fondos indexados tienen que hacer es comprar las acciones, haciéndolo simple, y las comisiones mínimas.

• Los fondos gestionados activamente emplean a personas que afirman que pueden superar los índices de los fondos indexados. Exigen comisiones más altas por su experiencia.

Regla #4: No Calcules el Tiempo del Mercado

Rápidamente te encontrarás al margen si tratas de cronometrar el mercado, especialmente cuando arranca o se derrumba. Hay una manera sencilla de acercarse al mercado de valores: con el promediar el costo del dólar, lo que también se conoce como inversión sistemática. Para hacer esto, todo lo que debes hacer es invertir en cantidades fijas, como por ejemplo $100 durante intervalos regulares. Este método funciona bien porque automáticamente compras más acciones cuando son más baratas, y menos acciones cuando son más caras.

Regla #5: ¡No Hay Reglas!

Si no planeas tomar un poco de riesgo, nunca cosecharás las recompensas. El truco para disminuir las pesadillas de la inversión es ser prudente al respecto. Ninguna regla establece que debes invertir en acciones. Si no te gustan las acciones, invierte en otros lugares, como en coleccionables, préstamos entre pares, negocios secundarios, bienes raíces, etc. Hay muchas otras vías para vencer al banco. Mientras que algunos implican más tiempo y riesgo que otros, sus recompensas pueden tener el potencial de cambiar tu vida.

Capítulo 5: Invertir en Bienes Raíces

Comprar bienes raíces es mucho más que encontrar un nuevo lugar al que llamar hogar propio. La inversión en bienes raíces ha sido con el tiempo una forma progresiva de invertir dinero en efectivo ganado con esfuerzo y es un vehículo de inversión muy frecuente.

El mercado de bienes raíces tiene toneladas de espacio para embolsarse enormes ganancias al comprar y poseer. Es significativamente más complicado que simplemente invertir en acciones y bonos.

Propiedades de Alquiler

Esta es una empresa tan antigua como la práctica de poseer tierras. La gente comprará una propiedad y la arrendará a un habitante. El propietario, conocido como el dueño de la tierra, es entonces el encargado de pagar el préstamo, las cuotas y los gastos para mantenerse al día con la propiedad.

El propietario cobra un arrendamiento para cubrir la mayor parte de los costos. Un terrateniente puede cobrar más desde su objetivo de obtener una ganancia. Sin embargo, el método más utilizado es el de la persistencia, por lo que sólo cobran un arrendamiento suficiente para cubrir los costos hasta que el préstamo hipotecario se haya pagado en su totalidad, y luego el arrendamiento se convierte en una inversión sólida. El valor de la propiedad puede haberse revalorizado a través del tiempo que el préstamo estuvo activo, dejando al propietario con un recurso rentable.

Hay, obviamente, fallas en esta aparentemente "aventura perfecta". Puedes terminar con un ocupante terrible que destruye la propiedad o terminará sin ningún habitante en absoluto. Esto te deja con un ingreso negativo, lo que te deja en una situación difícil para cubrir las cuotas de tu préstamo hipotecario. Esta es la razón por la que siempre debes optar por un territorio donde las tasas de apertura son bajas y elegir un lugar que los particulares tendrán que arrendar.

Cuando compras una acción, te encuentras en tu fondo y, con el tiempo, creas incrementos de valor. Cuando inviertes en propiedades de alquiler, muchas obligaciones vienen con ser propietario. Si el calentador deja de funcionar, eres tú quien recibe la llamada telefónica.

Cuando compras una acción, te encuentras en tu fondo y, con el tiempo, creas incrementos de valor. Cuando inviertes en propiedades de alquiler, muchas obligaciones vienen con ser propietario. Si el calentador deja de funcionar, eres tú quien recibe la llamada. Si no te importa ser un empleado de mantenimiento a tiempo parcial y no remunerado, es posible que esto no te moleste en lo más mínimo. Si tienes el dinero y estás dispuesto a pagar por estos asuntos que se te quitarán de las manos, es una buena inversión para contratar a un supervisor de la propiedad que estaría más que feliz de ayudar.

Grupos de inversión en Bienes Raíces

Los grupos de inversión en Bienes Raíces son similares a los pequeños activos compartidos de las propiedades de inversión. Si deseas ser dueño de una propiedad para alquilar, pero no deseas lidiar con todas las molestias que ofrece el ser propietario, un grupo de inversión en bienes raíces es probablemente una opción mucho mejor.

Una organización comprará o creará un grupo de apartamentos o condominios que luego permitirán a los especuladores conseguirlos a través de la organización, y luego les permitirán unirse a este grupo. Un especialista financiero puede entonces reclamar una o varias unidades de espacio vital, pero las personas que trabajan en la inversión administran todas las unidades, lo que incluye el mantenimiento, la promoción de las unidades vacías y las reuniones con los ocupantes. A cambio de este tipo de gestión, la organización toma un porcentaje del arrendamiento.

Existen algunas variantes de grupos de inversión, pero en forma regular, el alquiler está a nombre del especialista financiero y las unidades reúnen un poco de todos los contratos de arrendamiento para prepararse para una apertura infrecuente, lo que implica que obtendrás lo suficiente para pagar el préstamo hipotecario, independientemente de si su unidad nunca se alquila realmente.

La naturaleza de los grupos de inversión depende de la organización que los ofrece. Es un método protegido para invertir en bienes raíces, sin embargo, muchos todavía están indefensos contra los gastos que frecuentan la industria de los fondos mutuales. Una vez más, la realización de una investigación adecuada es la clave del éxito.

La naturaleza de los grupos de inversión depende de la organización que los ofrece. Es un método protegido para invertir en bienes raíces, sin embargo, muchos todavía están indefensos contra los gastos que frecuentan la industria de los fondos mutuales. Una vez más, la realización de una investigación adecuada es la clave del éxito.

Compraventa de Bienes Raíces

Este es el lado intrigante y desafiante de la inversión en Bienes Raíces. Al igual que los inversores que están a kilómetros de distancia de una compra, los corredores de tierras son un grupo totalmente único. Los corredores de tierras compran propiedades con el objetivo de tenerlas por un breve período de tiempo, alrededor de tres a cuatro meses. Esto es cuando planean ofrecer la compra de su propiedad para una inversión. Este procedimiento se llama "flippingproperties" y se centra en la compra de propiedades que están subestimadas o que se encuentran en un mercado excepcionalmente en alza.

Las irregularidades no adulteradas de la propiedad no pondrán dinero en efectivo en una casa para mejoras; la inversión necesita tener el incentivo para obtener una ganancia sin ajuste o la pasarán por alto. Si una irregularidad en la propiedad es capturada en una circunstancia en la que él o ella no pueden desocupar una propiedad, puede ser perjudicial para los especialistas financieros, ya que esto significaría no tener suficiente dinero preparado para pagar el préstamo hipotecario de la misma. Esto puede provocar desgracias para un agente inmobiliario que no puede descargar la propiedad en un mercado en crisis.

También existe una irregularidad inferior de la propiedad. Estos especialistas financieros se benefician comprando propiedades sensatamente evaluadas e incluyendo un incentivo al remodelarlas. Este puede ser un término más extenso que depende de las actualizaciones. La parte restrictiva de este viaje es que lleva tiempo y sólo permite a los especialistas financieros ir contra una propiedad en cualquier momento dado.

REITs

Los bienes raíces han existido prácticamente desde los albores de los tiempos, donde nuestros antepasados, que eran habitantes de cuevas, comenzaron a expulsar a los extraños de su espacio. No es de extrañar que Wall Street haya descubierto cómo convertir los bienes raíces en un negocio en un mercado abierto.

Un fideicomiso de inversión de bienes raíces (REIT) se crea cuando un fideicomiso, también conocido como una organización, utiliza el dinero de un especialista financiero para comprar y trabajar propiedades de salario. Los REITs se compran y se venden en operaciones importantes, muy similares a las de otras acciones. Para mantener el estatus de REIT, una organización debe repartir el 90% de sus beneficios en forma de beneficios. Los REITs se abstienen entonces de pagar el impuesto sobre la renta de las empresas, aunque una organización estándar se vería obligada a pagar por sus beneficios. Después de esa necesidad de elegir si desean hacer circular sus beneficios después de la imposición como beneficios.

Al igual que las acciones de pago de beneficios estándar, los REITs son una empresa fuerte para los especialistas financieros de las bolsas de valores que necesitan un salario habitual. En contraste con los tipos de especulación de terrenos mencionados anteriormente, los REITs permiten a los especuladores entrar en empresas no privadas, por ejemplo, en centros comerciales o en estructuras de oficinas, y son excesivamente fluidos. Al final del día, no necesitarás un corredor de bienes raíces que te permita sacar dinero de tu empresa.

Apalancamiento

Excepto en el caso de los REITs, poner recursos en bienes raíces proporciona a un especialista financiero un dispositivo que no es accesible a los especuladores de valores, que es el uso del REIT. Si estás buscando comprar una acción, necesitas pagar la estimación completa de la acción en el momento de su solicitud. Independientemente de si estás comprando en la frontera, la suma que recibes es todavía sustancialmente menor que con bienes raíces.

Muchos préstamos hipotecarios "tradicionales" requieren un pago inicial del 25 por ciento que depende del lugar donde resides. Hay una variedad de tipos de préstamos hipotecarios que requieren sólo un pequeño 5 por ciento. Esto demuestra que puedes controlar la totalidad de la propiedad y su valor pagando una pequeña cantidad de la estimación total. Obviamente, el préstamo pagará, a largo plazo, la estimación de la casa en el momento de la compra, pero sigues teniendo el control del momento en que se acuerdan los papeles.

Este es un aspecto que anima tanto a las irregularidades de las propiedades inmobiliarias como a los propietarios de las mismas. Pueden hacer un contrato temporal en sus casas y poner cuotas por adelantado en más de una propiedad. Independientemente de si los alquilan con el objetivo de que los habitantes paguen el préstamo o si se sientan tranquilos para tener la oportunidad de recibir una mayor inversión, tienen el control total, a pesar de haber pagado sólo por una parte de la estima total.

La Línea de Fondo

Hemos echado un vistazo a algunos tipos de métodos de inversión en bienes raíces. Sin embargo, acabamos de tocar la capa más superficial. Dentro de estos casos, hay un sinfín de formas de invertir en bienes raíces. De la misma manera, con cualquier emprendimiento, hay grandes cantidades de potencial general cuando se trata de bienes raíces. Esto no implica que sea una ganancia garantizada. Tome decisiones cuidadosas y sopese todos los pros y contras de sus actividades antes de sumergirse en el juego de bienes raíces.

Capítulo 6: Inversión en Bonos

Mientras que la palabra "bonos" suena terriblemente aburrida, está lejos de serlo. Son un refugio seguro para los jubilados y ricos que no desean perder su dinero. Los bonos también juegan un papel importante en su plan de inversión por otras razones. Ayudan a agregar diversidad a su cartera a medida que controlan el riesgo. Sin embargo, los bonos pueden ser un tema complicado de entender.

Los bonos son completamente diferentes de los palos. Las acciones que están bien seleccionadas tienden a subir durante un largo período de tiempo, pero pueden bajar a corto plazo. Los bonos también crean un flujo de ingresos muy agradable y constante que puedes reinvertir o utilizar para gastos de subsistencia más adelante. Su precio tiene el potencial de fluctuar, pero el bono global sigue siendo el mismo. ¡Además, los bonos como los municipales pueden producir un ingreso libre de impuestos!

Cómo Iniciar con los Bonos

Es crucial entender los conceptos de precio, interés, madurez y rendimiento antes de iniciar una inversión en un bono. Los pequeños inversores deberían seguir apostando por bonos de alta calidad.

- Intereses: La mayoría de los bonos te pagan intereses semestralmente.

- Madurez: Cuando un bono llega a su vencimiento, tiene el poder de pagarle al inversor a su valor nominal. Los bonos que vencen en dos años o menos son a corto plazo, siendo 10 años intermedios y 10 o + años. La mayoría de los bonos son emisiones con un vencimiento de 20 a 30 años.

Tipos de Bonos

- **Bonos de Cero Cupón**: Muchos bonos

comunes reciben pagos de intereses cada seis meses. Pero con los de cupón cero, te acreditan intereses. Sin embargo, no se paga hasta que madura totalmente.

- **Bonos del Tío Sam**: ¡Si le gusta la tranquilidad, estos tipos de bonos son el camino esencial a seguir!

- **Billetesdel Tesoro** vencen en un año o menos y las nuevas se venden semanalmente. La cantidad mínima para comprar es de $1,000. También están exentos de impuestos locales y estatales.

- **Los Bonos del Tesoro** tardan 10 o más años en vencer. El mínimo para comprar uno de estos bonos es de $1,000.

- **Agencia de Valores de los Estados Unidos**: Son similares a los bonos del Estado en lo que respecta a la seguridad, pero tenga en cuenta los riesgos que conllevan también.

- **Bonos Municipales**: Éstos dependen de la categoría en la que se encuentre cuando se trate de impuestos. Cuanto más alto sea el nivel de impuestos, más probable es que recibas un beneficio mejor que los emitidos por las agencias locales y estatales.

Capítulo 7: Invertir en Asociaciones Empresariales

Invertir tu dinero ganado con esfuerzo en un negocio es uno de los mejores y más frecuentes métodos de inversión en el viaje de la dependencia financiera para esas pequeñas empresas. Es una gran manera de crecer y crear un activo que, cuando se dirige en condiciones adecuadas, proporciona numerosas cantidades de dinero en efectivo con las que las otras inversiones no pueden competir. Las pequeñas empresas crecen a través de la representación del recurso financiero más importante que posee la familia, además de su hogar.

Las inversiones en negocios se construyen como una sociedad limitada o una compañía de responsabilidad limitada. La responsabilidad limitada es la más utilizada, ya que combina los mejores atributos de la corporación y las sociedades. Cuando estás pensando en invertir tu dinero en una pequeña empresa, hay dos tipos principales de posiciones que puedes elegir:

Inversiones de Igualdad

Cuando usted hace una inversión de igualdad en cualquier negocio, esencialmente está comprando parte de la propiedad total, o en otras palabras, está tomando un trozo del pastel. Los inversores de capital aportan capital con dinero en efectivo a cambio del porcentaje tanto de las ganancias como de las pérdidas.

El negocio entonces puede utilizar esta asignación de dinero para una variedad de cosas que están relacionadas con el negocio, desde el financiamiento de los gastos, el funcionamiento de las operaciones diarias, la disminución de las deudas, la compra de otros propietarios, la creación de liquidez, o la contratación de nuevos empleados. Este tipo de inversión cuando se trata de pequeñas empresas resulta en mayores ganancias pero conlleva un poco más de riesgo. Si los gastos son superiores al importe de las ventas, las pérdidas se transfieren al inversor. Si las cosas van bien, el retorno puede ser exponencial.

Inversiones de Deuda

Cuando haces una inversión de deuda en un negocio, estás prestando dinero a cambio del pago de su préstamo en el futuro, junto con los ingresos provenientes de los intereses. El capital de la deuda se da en forma de cargas con amortización o compra de bonos que son emitidos por el propio negocio.

La mayor ventaja de las inversiones de deuda es que se obtiene un lugar agradable y acogedor en la estructura de capitalización. Esto significa que si la empresa fracasa, la deuda tiene prioridad sobre los accionistas, también conocidos como inversionistas de capital. El nivel más alto de deuda incurrida es un primer préstamo hipotecario garantizado que tiene un gravamen sobre una propiedad o un activo que es muy valioso, típicamente la marca.

¿Qué tipo de inversión de la Asociación es Mejor?

Cuando se trata de la vida en general, especialmente cuando se trata del tema de los negocios, no hay una respuesta simple o limpia. Por ejemplo, si fuistes uno de los primeros inversores de McDonald's y comprastes acciones, estaría muy bien. Si hubieras comprado bonos con el método de inversión de deuda, habrías ganado una cantidad decente a cambio, pero de ninguna manera tan espectacular como la otra.

Lo Que Hay Que Saber Antes de Invertir en Asociaciones

- **Ten cuidado con la oportunidad** preguntando por qué la misma está disponible para invertir en primer lugar. Por lo general, las empresas están tratando de recaudar dinero, lo que generalmente significa que no lograron obtener un préstamo de un banco. Necesitas descubrir la historia detrás de sus razonamientos.

- **Entender la estructura** puede ayudarte a determinar cómo los sistemas legales y el IRS ven las ganancias y los pasivos de la empresa en la que está pensando invertir. Hay grandes posibilidades de que el negocio se caiga. Puedes ser responsable de las facturas impagas o de otros pasivos, dependiendo de la estructura del negocio.

- **Ten en mente que es posible que no obtengas beneficios durante años**, por lo que no supongas que invertir en una empresa equivaldrá a una ganancia automática. Las nuevas empresas necesitan sobretodoel dinero que puedan

143

obtener, y las ganancias generalmente se añaden de nuevo al negocio. La rentabilidad para los inversores puede no estar presente durante 3 a 5 años o más.

• **Ten una estrategia de salida planeada** sólo en caso de que te tome demasiado tiempo para ver ingresos sólidos de tu inversión. No quieres desperdiciar toda tu inversión antes de que un negocio abra sus puertas.

• **Haz tu tarea** antes de invertir tu dinero en un negocio nuevo. Deseas conocer los antecedentes del negocio y tener una buena comprensión del mismo y de su competencia. También debes solicitar un plan de negocios que incluya una descripción, un plan financiero, un análisis de mercado, etc.

Capítulo 8: Invertir en Metales Preciosos

Invertir en oro y plata es muy sencillo, además de divertido y altamente rentable. Casi cualquier persona puede aprender cómo empezar a comprar oro y plata como una forma física de riqueza. El oro y la plata, junto con otros metales preciosos, tienen la fuerza para mantener su valor, lo que puede significar no sólo una bella sino también una inversión a largo plazo.

El proceso de compra, venta y retención de metales preciosos implica cierta complicación que necesitas entender para tener éxito y obtener rendimientos impresionantes.

¿Qué son los Metales Preciosos?

Los metales preciosos son naturales, raros y difíciles de encontrar que otros tipos de metales. La rareza de estos metales les da un alto valor económico. Todavía se valoran por su uso en productos básicos, joyería, arte e inversiones.

- Oro
- Plata
- Paladio
- Platino

Inversión en Metales Preciosos

Los metales preciosos son altamente valorados en muchas industrias, por lo que se negocian regularmente en los mercados mundiales de materias primas. La gente en todos los países tiene algún tipo de necesidad de metales preciosos, lo que significa que están en constante cambio debido a la oferta y la demanda de los mismos.

Estos metales pueden ser comprados por la gente como vehículos de inversión. Esto se hace a través de una casa de moneda o de un corredor, en el que se puede comprar en algunos formatos, como en su forma física, acciones, fondos mutuos, fondos ETF, etc. Los que eligen comprar metales preciosos en su forma física generalmente compran barras, lingotes o monedas de varias formas y tamaños, dependiendo de la cantidad que compraron.

La inflación es un riesgo común cuando se trata de invertir en metales. Comprarlas en el momento actual al precio actual protege su valor contra la inflación futura de los metales, por lo que son ideales para los buques de inversión. Esto es ciertamente cierto con el oro, el metal de inversión más popular debido a su alto valor y disponibilidad.

Compra de Metales Preciosos

Invertir en metales preciosos es un gran método si estás buscando obtener ganancias rápidas y aumentar tus ahorros para una vida futura. Puedes comprar o vender cantidades pequeñas o grandes de metales en forma regular para ganar dinero diariamente. También puedes comprar pequeñas y medianas asignaciones para mantener como parte de una cuenta de jubilación.

Los mejores metales para comprar son la plata y el oro porque son los que más se usan como moneda. Necesitará hablar con un corredor de bolsa o un comerciante de metales preciosos para comprarlos. También tendrás que hacer una investigación adecuada sobre los diversos métodos de inversión de metales preciosos para descubrir todos los métodos en los que puedes obtener un beneficio de cada metal precioso individualmente y en conjunto.

Capítulo 9: Estrategias de Inversión

Cuando se trata de invertir, cualquier cantidad de conocimiento añade un valor significativo para usted como inversor creciente en el mercado. Este capítulo está cargado de estrategias para ayudarte a invertir lo mejor que puedas como principiante en el mundo de la inversión.

No Esperes, Empieza Ahora

Nunca habrá un mejor momento para comenzar el proceso de inversión. No esperes hasta que consigas un trabajo mejor pagado o ahorre suficiente dinero. Si eres un procrastinador, esto nunca llegará para ti. Comienza ahora, con un poco de cada cheque de pago que reciba. Cuanto más rápido empiece, mejor será y mayor será la inversión en la que incurrirás con el tiempo a medida que madure.

Asesoramiento de Expertos

Los expertos en el mundo de las inversiones pueden ayudarte a comprender todas las opciones de inversión que se le ofrecen. Con la ayuda de un planificador de inversiones, podrás determinar cuáles son las vías de inversión adecuadas para su estilo de vida. ¡Muchos son gratis! Abre una cuenta y vincula sus cuentas.

Comenzar de Forma Simple

Una vez que conozcas las opciones que tienes, se recomienda comenzar con las más simples y aprender el resto a medida que vayas adquiriendo experiencia. Puedes cometer errores y no sentirte mal por ello cuando recién estás empezando, con pequeñas inversiones como $100.

Conoce Tus Metas

Antes de dar el paso de invertir, conoce cuáles son tus objetivos para aventurarte a invertir en primer lugar. ¿Quieres empezar a ahorrar para la jubilación? ¿Deseas aumentar los fondos para que tus hijos vayan a la universidad? Invertir es muy diferente a simplemente ahorrar dinero, es un proceso a largo plazo.

Conoce Tus Opciones de Vehículos de Inversión

Asegúrate de planear también en qué deseas invertir cuando decidas tus objetivos. Puedes invertir en cuentas de corretaje, fondos universitarios, 401k's, etc. Algunos de ellos tienen grandes exenciones fiscales que los convertirán en una clara ventaja.

Comenzar en Auto Inversión

Debes empezar esto tan pronto como sea posible con contribuciones regulares. Muchas cuentas de corretaje soportan totalmente las opciones de inversión mensual.

Aprende un Enfoque Práctico

Mucha gente piensa que una vez que hacen una inversión, simplemente la dejan ahí sentada y que hará el trabajo duro por ellos. Es vital hacer un seguimiento de sus inversiones para comprobar si están creciendo. Haga que sea una prioridad revisarlas cada seis meses o cada año.

Elige un Importe para Empezar a Invertir

Esta será una decisión importante cuando se trate de manejar tus presupuestos y los incrementos que hará a tu inversión con el tiempo para que crezca sustancialmente.

Haz de la Inversión un Hábito

Para aumentar las ganancias de tus inversiones a lo largo del tiempo, tienes que atenerte a ellas y contribuir regularmente. Es como una planta; si no la riegas y le das una fuente de luz, eventualmente morirá y no creará ningún producto para que lo recojas.

Haz Pasos de Bebé

No esperes que las inversiones que realices hagan algo extraordinario en un futuro próximo. Debes aprender a ser paciente y buscar otras opciones de inversión en las que inviertes dinero mientras esperas a que los demás crezcan con el tiempo.

Conoce los Fondos Mutuos Empacados.

Esta es una gran opción que muchos

principiantes en la inversión pasan por alto. Son menos arriesgados y bastante volátiles. Los costos de las transacciones también son bajos, y cada fondo es fácilmente gestionado por gestores de portafolio que se encargan de rebalancear tu portafolio para asegurar que las proporciones sean consistentes con su inversión.

Sé prudente al Elegir Acciones

Nunca serás capaz de calcular con precisión el tiempo de un mercado de valores, pero son una buena opción y no requieren que tengas mucho capital por adelantado. Si eliges sabiamente, tendrás la tranquilidad de saber que tendrás un ingreso estable.

Tómate el Tiempo para Aprender

No es ningún secreto que hay mucha información sobre la inversión. Si eres serio acerca de convertirte en un inversionista experimentado, sal de su camino para comprar libros de inversión, haz una estrategia con el conocimiento de inversión que ganes. Busca en línea y realiza investigaciones, comprobando las empresas que más te interesan. Asegúrate de que eres plenamente consciente de lo que esas empresas están ganando, quiénes son tus clientes, y mucho más.

Juega Seguro

Invertir no es el momento de ser agresivo con tu dinero. Haz un margen de seguridad para sí mismo, pero asegúrate de no ser demasiado dramático con tus límites, ya que esto podría impedirte explorar otros vehículos de inversión o evitar que asuma los riesgos que se requieren en la inversión para alcanzar el éxito.

No Impulses la Inversión

Asegúrate siempre de tomarte tu tiempo y hablar con expertos antes de salir a comprar acciones, bonos, fondos u otro vehículo de inversión.

Combate la Inflación

No importa en qué decidas invertir, haz lo mejor que puedas para superar la tasa de inflación, o podrías darte cuenta de que estás perdiendo dinero en lugar de ganarlo. Simplemente colocar tu dinero ganado con esfuerzo en una cuenta de ahorros no es un método de inversión, sino una manera fácil de hacer el trabajo duro para alcanzar tus metas financieras.

Crea un Fondo de Emergencia

Antes de salir e iniciar el proceso de construcción de tu imperio de inversiones, asegúrate de crear primero un fondo de emergencia. Además, es una buena idea crear un colchón de seguro que proteja tu dinero. Nunca sabes a dónde te llevará el camino de la inversión.

Conclusión

Quiero felicitarte por llegar al final del libro

Te doy una gran palmada en la espalda por leer la totalidad de este libro, porque estás un paso gigantesco más cerca de convertirte en tu propio inversionista. Si bien el dinero no puede comprar la felicidad, sí puede ayudar a construir un colchón que le brinde tranquilidad cuando la vida se torna un poco complicada. ¿No preferirías estar preparado que arrepentido?

Como has aprendido, todos deben aprender los conceptos básicos de la inversión. Ahora que has absorbido toda esta valiosa información, deberías sentir toda esa confianza estallando en las costuras de tu interior. Sí, incluso puedes aprender a invertir como los grandes de Wall Street con un poco de conocimiento básico, sentido común y un poco de fé en el mercado.

Espero que todo en este libro te haya dado la información que necesitas para dar el siguiente paso en la inversión de algo de ese dinero que tanto te ha costado ganar. Todas las herramientas que necesita para alcanzar sus objetivos de inversión se pueden encontrar en este libro como referencia si te pierdes un poco.

¡Buena suerte mis amigos inversores! Hagan que ese dinero crezca!

Si encontrastes este libro útil de alguna manera, por favor, tómate un momento de tus inversiones para dejar una reseña sobre Amazon. ¡Siempre es apreciado!

¿Sabías que un gran porcentaje de las personas que ganan mucho dinero lo pierden en los primeros dos años?

No se necesita mucho para que una persona pierda todo su dinero. Alrededor de 2 de cada 3 ganadores de lotería pierden todas sus ganancias en un plazo de 5 años. Si alguien pudiera perder cientos de millones de dólares en un par de años, ¿qué tan rápido perdería los millones que podría ganar con este libro?